体育产业发展清华丛书

体育简史

Sport in Capitalist Society: A Short History

「英」托尼·柯林斯 (Tony Collins)◎著　王雪莉◎译

清华大学出版社

北京

Sport in capitalist society: a short history, 1st Edition /by Tony Collins
ISBN: 978-0415813563
Copyright © [2013] by Routledge

Authorized translation from English language edition published by Routledge, part of Taylor & Francis Group LLC. All rights reserved. 本书原版由Taylor & Francis出版集团旗下的Routledge出版公司出版，并经其授权翻译出版。版权所有，侵权必究。

Tsinghua University Press is authorized to publish and distribute exclusively the Chinese (Simplified Characters) language edition. This edition is authorized for sale and distribution in the People's Republic of China exclusively (except Taiwan, Hong Kong SAR and Macao SAR). No part of the publication may be reproduced or distributed by any means, or stored in adatabase or retrieval system, without the prior written permission of the publisher. 本书中文简体翻译版授权由清华大学出版社独家出版并仅限在中国（除台湾、香港、澳门以外）销售。未经出版者书面许可，不得以任何方式复制或发行本书的任何部分。

Copies of this book sold without a Taylor & Francis sticker on the cover are unauthorized and illegal. 本书封面贴有 Taylor & Francis公司防伪标签，无标签者不得销售。

北京市版权局著作权合同登记号　图字：01-2016-7775

版权所有，侵权必究。举报：010-62782989，beiqinquan@tup.tsinghua.edu.cn。

图书在版编目（CIP）数据

体育简史 /（英）托尼·柯林斯 (Tony Collins) 著；王雪莉译 . — 北京：清华大学出版社，2017（2021.9重印）
（体育产业发展清华丛书）
书名原文：Sport in Capitalist Society: A Short History
ISBN 978-7-302-45863-0

Ⅰ．①体…　Ⅱ．①托…　②王…　Ⅲ．①体育运动史 – 世界　Ⅳ．① G811.9

中国版本图书馆 CIP 数据核字（2016）第 296292 号

责任编辑：张　伟
封面设计：众智诚橙
责任校对：王荣静
责任印制：杨　艳

出版发行：清华大学出版社
　　　　　网　　址：http://www.tup.com.cn, http://www.wqbook.com
　　　　　地　　址：北京清华大学学研大厦 A 座　　　　　邮　　编：100084
　　　　　社 总 机：010-62770175　　　　　　　　　　邮　　购：010-62786544
　　　　　投稿与读者服务：010-62776969, c-service@tup.tsinghua.edu.cn
　　　　　质量反馈：010-62772015, zhiliang@tup.tsinghua.edu.cn
印 装 者：三河市铭诚印务有限公司
经　　销：全国新华书店
开　　本：148mm×210mm　　　印　张：7.875　　　字　数：147 千字
版　　次：2017 年 1 月第 1 版　　　　　　　　印　次：2021 年 9 月第 4 次印刷
定　　价：89.00 元

产品编号：071745-02

体育产业发展清华丛书编委会

编委会主任

杨　斌

编委会成员（以姓氏拼音为序）

鲍明晓　胡　凯　李　宁　史丹丹　王雪莉

徐　心　杨　扬　赵晓春

开卷开步开创，发展体育产业

半年前，得赖于一批忠诚母校、热心体育的校友的支持，特别是经济管理学院的校友、英迈传媒的史丹丹女士带头出力，清华大学体育产业发展研究中心成立，希望能够充分发挥清华大学学科齐全、人才密集、体育传统深厚的优势，创造性地开展研究，发挥体育产业一流思想与行动平台的作用，为落实国家体育产业发展战略、推动体育产业升级及企业发展提供智力支持。

中心筹建之初，就发现虽然国家把体育产业作为绿色产业、朝阳产业加以培育和扶持，政府官员、专家学者和实践者也已经达成共识，认为体育产业将会成为推动中国经济转型升级的重要力量，但遗憾的是，毕竟中国的体育产业尚在起步期，呈现为价值洼地、人才洼地和研究洼地的现状。因此，中心决定与清华大学出版社合作，策划出版"体育产业发展清华丛书"，组织专家团队选书、荐书。在出版社的大力支持和密切配合下，令人高兴的是，中心成立半年之后，丛书首批即将与读者见面。

"体育产业发展清华丛书"计划分批、分层次地出版体育产业相关的书籍，既包括引进版权的国际经典著作，也包括国内学者原创的对于体育产业发展和体育管理方面的真知灼见；既有对于具体运动项目的精准聚焦研究，也有结合某一体育管理领域的深度剖析探查。我们相信，只要开始第一步，踏实耕耘，探索创新，日积月累，坚持下去，这套丛书无论是对促进体育产业的研究，还是对指导体育产业发展的实践，都是有价值的。

清华大学的体育传统非常悠久。马约翰先生曾经说过："体育可以带给人勇气、坚持、自信心、进取心和决心，培养人的社会品质——公正、忠实、自由。"在庆祝马约翰先生服务清华五十年的大会上，蒋南翔校长特别号召清华学生"把身体锻炼好，以便向马约翰先生看齐，同马约翰先生竞争，争取至少为祖国健康地工作五十年。"2008 年，时任清华大学党委书记的陈希同志说过："五十年对一个人来讲，跨越了青年、中年和老年，为祖国健康地工作五十年，就是要在人生热情最高涨、精力最充沛、经验最丰富的各个阶段为党和人

民的事业做出贡献。"就在中心成立这半年来，国家先后发布
《全民健身计划（2016—2020 年）》和《"健康中国 2030" 规
划纲要》，国民强身健体、共建健康中国，成为国家战略。"为
祖国健康工作五十年"这种清华体育精神在当下绝非赶时髦，
而是清华体育传统的强化与传承。

清华体育，在精神层面也格外强调 "Sportsmanship"（运
动家道德）的传统，这里回顾一下老清华时期的概括：承认
对手方是我的敌手，不在他面前气馁也不小视他；尽所能尽
的力量去干；绝对尊重裁判人的决定，更要求学生 "运动比
赛时具有同曹互助之精神并能公正自持不求微幸"。据我所知，
许多企业的核心价值观中亦有 Sportsmanship 的表达，甚至直
接就用这一词汇作为组织成员的行为规范（如韩国 SK 集团）。
当我在"体育产业发展清华丛书"中看到描述体育产业中的
历史追溯、颠覆创新、变革历程以及行业规范时，这个词再
次浮现在眼前，这其实也是商业的基本规则和伦理，也是产
业成长的核心动力和引擎。

体育产业发展，需要拼搏精神，需要脚踏实地，来不得
投机，也无捷径可走，因此，中国的体育产业发展，就更需
要所有利益相关者多些培育心态，方能形成健康的生态共同
体。同时，体育产业发展，需要尊重规则和规律，无论是运
动项目的发展规律，还是商业活动的规则、规范，无论是与
资本握手的契约精神，还是商业模式中利益相关者准确定位
的角色意识。我很希望"体育产业发展清华丛书"能借他山

之石对中国体育产业发展的路径和模式有所启发，能用严谨、规范的研究和最佳的实践案例对中国体育产业和体育管理的具体问题有所探究。

每一步，都算数！无体育，不清华！

杨斌

清华大学副校长、教务长

2016 年 12 月

"体育"的前世与今生

在Amazon 书店里，巧遇《体育简史》(*Sport in Capitalist Society*，直译为《资本主义社会的体育》)一书，它静静地躲在某个角落里，因为主题关联，才显露出来。英文原版书 129 页，很轻巧的样子，特别贴上了 A Short History（简史）的标签。近些年来，凡是简史似乎都能攀上热销榜，我想这本小册子也有着巨大潜质。每本书中，都有我们需要的答案，默默地在等待着需要的人翻阅。

在 Kindle 里，我带着这本小书去过很多地方，飞机上、火车中，都曾一次次细细品读。每次遇到做出版的朋友，我都会拼尽全力推荐这本精致的简史。适逢清华大学体育产业发展研究中心和清华大学出版社合作，出版"体育产业发展清华丛书"，此书被列选为第一本，实乃一大幸事。我很明确，当下的时代里，这本书至少可以帮我们读懂"体育"的前世与今生。我窃以为，虽然平日里，大家总在高频次地使用"体育"一词，但彼此之间，是有语义和语境差别的。

简史虽薄，但也纵贯三百年，人类发展最为迅猛的近三个世纪。作者托尼·柯林斯是业界知名的体育史学家，在写这本书之前，专心研究英式橄榄球发展历程中的阶层与文化演变，再版多个版本，该是经典著述。耐读的学术著作往往像是冰下湍流，平静叙述中暗涵着历史磅礴，柯林斯不断设问，将体育这一原本相对单纯的概念镶嵌在众多的价值体系中，一一探寻彼此之间的纠葛。

体育，到底是什么？此前似乎并不需要在内心中反复追问答案，答案好像一直就在那里嘛。柯林斯帮我们准备了一个答案，我在很多场合引用过，也许就是这句话让我对这本书充满了好感。在书的前言小序中，柯林斯明确指出，现代体育就是资本主义的产品，一如工厂、股票交易和失业。现代体育 18 世纪在英国，随着商业化娱乐产业的兴旺而诞生，体育世界中胜者与败者二元相依的现象与资本主义生机勃勃的文化内涵完美地契合。而资本主义的全球化进程，也带动着现代体育逐渐席卷整个世界，其商业化属性逐渐吞噬了原本体育概念中的核心——业余主义，这种质变最终成为了资本主义"新世界秩序"中的一部分。

身为体育历史学家，柯林斯最执着的兴趣在于，过往三百年中，人类文明进程到底是如何塑造乃至雕刻体育发展的，他引导我们回到一个个历史场景中，剖析体育的种种变迁，法国大革命、现代民族主义和帝国主义、俄国革命乃至"冷战"时代，体育在以往的历史讲述中，最多不过是隐在历史宏大背景中的一条暗线罢了，柯林斯用自己的思考努力将一条条暗线连接成清晰的脉络，读来绝对不会枯燥。

既然，现代体育就是资本主义的鲜明产物，那么曾经历过资本主义文明充分洗礼的国度中，体育的现代化含义是否有着先天的欠缺呢？当下我们正在经历的体育变革被时代需求和资本意志推动向前，但总有贫瘠和挫败之感。前段时间，有人在追问：中国体育产业发展中的真正短板在哪里？有人直指体育主管部门，很痛快，也很能博取应和。这算是个答案吧，但光有答案不是目的，还需找寻出补强之道。

我有一个不成熟的小感悟，中国体育在较长一段时间内，其发展轨迹将是一个反向修复的过程，我们似乎拥有一切终极产品和形态，但社会和民众支撑感严重不足，未来将会是探寻基础，拉动但并不破坏自然生长过程，彻底搞清楚体育与每一个具体人之间的关系，以及政府和社会要在体育作为生活方式、教育、产业和竞赛等诸多领域中，认真明确角色、职责以及利益模式。当下，体育产业的价值往往用股价或融资表现来定义，但无论是产业基础和顶层设计中都存在比想象中更为艰险的挑战，中国体育无意之中也在扮演着倒逼社会变革节奏的角色，一个被预期在年底必须挂牌的中超联赛联盟正在经历的激烈博弈就能清晰暴露出，传统行政力量与民间投资人群体之间必须要分个高下了，这也恰恰吻合了我们所处时代的根本性主题。体育在促进时代，历史在雕刻体育的骨架与魂魄。

柯林斯研究的第一个诉求便是回答现代体育为何会恰巧诞生于工业革命的策源地英伦三岛，工业化文明让更多人有钱有闲，体育的定义也从贵族的休闲垂钓和野外游猎，一举过渡为我们熟知的足球、橄榄球、板球、篮球等运动的总和。20世纪20年代，欧洲汽车和摩托车制造业崛起，由此促进了欧洲自行车和赛车业发展。最初的车赛是追随意大利人和西班牙人夏日度假铺陈开来的，比赛举办地人都是旅游胜地。一百年前，英伦三岛上举行的一场足总杯决赛居然能吸引11万人到场观赛，而我们如今还在为不充沛的体育消费而愁苦着。工业化文明所带来的城市化风起云涌以及城市新移民的身份认同诉求难道不正是我们当下时代的鲜明特征吗？置身在互联网时代，眺望人工智能时代的迅速来临，新的工业文明和社会进步会让我们的体育或自然生长或快速狂奔，体育对于时代的回报也远远不该仅仅是万亿量级的产值，而是社会变革时代新的策源地。

《体育简史》书中定义，工业化文明推动的体育现代化该算是"第一次工业革命","第二次革命"的发生则有赖于人类媒体形态的优化。20 世纪 20 年代,报业蓬勃,照片传输的速度和距离大幅度提升,这让人类的运动影像第一次可以瞬间传遍全球,运动明星可以家喻户晓。广播、电视的兴盛让体育进入到价值的黄金期,如今还在延续着电视价值定义标准,有人笑谈,"每一次的体育革命都是被电视直播了"。人类信息技术的革命,将深刻改变传播与分享的方式,中国到处都是雄心壮志之人。有人曾经告诉我,旧有时代里,中国人没有办法定义体育电视的价值体系,但完全有信心,在进入互联网时代里,让中国人有定义世界体育价值的能力。

拉拉杂杂说了许多,本想将这本简史说得再细致一些,但总是忍不住频频与中国实际相结合,粗浅认知贻笑大方了。有机会读读这本小书,重走历史脉络,兴许你会发现,体育是人类情感的总和,在竞争的世界里倡导宝贵的合作与担当,创造独特的财富与价值,但其根本性功能亘古未变,那就是体育是在帮助男人和女人体会达至精神和身体极限的可能性与过程。坚信这个,我们会更需要体育的。

张斌

中央电视台体育赛事频道编辑部主任、著名主持人

2016 年 11 月 15 日

目　录

引 言

为什么现代体育首先发源于英国？是什么驱动现代体育在全球发展？为什么现代体育被用作民族主义的工具？是什么使得体育成为男性主义的堡垒？业余主义是如何兴起、如何消亡的？为什么21世纪的大型体育赛事成为威权控制和企业权力过大的同义词？

《体育简史》一书，试图通过研究过去三百多年体育发展的历史，来解答上述问题和其他问题。本书提出，现代体育和工厂、股票市场、失业人群一样，是资本主义的产物。现代体育是随着商业娱乐业的发展，在18世纪的英国出现的，其非胜即负的二元认知和资本主义的文化契合。

18世纪出现的业余主义思潮，为现代体育运动赋予了道德使命，使其能够作为帝国主义扩张的意识形态支撑而散播到全球。同时，欧洲和北美城镇中产业工人阶级的出现，促进了职业化大众体育项目的发展，尤其是英式足球和棒球。

因为和媒体行业存在共生关系，作为现代资本主义的重要文化组成部分，商业化体育散播到了全球。虽然业余主义逐渐式微，但是在21世纪之初，体育将18世纪的商业规则和19世纪的业余主义的纪律管控结合起来，完美反映了资本主义"世界新秩序"的现实。

　　本书旨在调查 18 世纪至今推动现代体育发展的宏观历史潮流。本书研究的重点是英国、欧洲、北美和日本，在这些国家和地区，体育在 20 世纪初就具备了相当的文化和商业重要性，并随着资本主义强国的脚步，发展并主导了世界其他地区。本书并不穷举所有国家、所有运动项目或所有联赛系统，而是试图发掘驱动体育扩张的基础动力。本书不仅是一本综合总结类著作，也包含了对 18 世纪和 19 世纪体育的原创性研究。

　　《体育简史》一书不认同所谓体育发展是由于技术"现代化"的观点，毕竟一个世代的现代在另一个世代是古董；也不认同含混不清的"文明化过程"，因为该观点假设认为现代比过去更"文明"。本书秉持历史唯物主义的研究方法，认为现代体育是资本主义的产物，在阶级制度和压迫妇女、压迫非白人种族的社会中塑造成型。

　　本书并不否认体育是戏剧的变形，也不相信如果没有了俱乐部老板和管理者，一切就会好起来。有人可能会说，男人和女人参与运动，并不是出于他们自己的选择。这正是体育和社会、经济、政治环境的关系，也是本书试图探索的问题。借用斯宾诺莎的说法，《体育简史》一书，不是为了给体育加油或者喝倒彩，而是要理解体育。

第一章
资本主义和现代体育的诞生

人类都像是赛马骑手，每个人都为利益而驰骋。

阿农，1793 年

人类有运动的传统。运动的冲动对人类文明至关重要，其重要性不亚于歌唱、绘画和讲故事的需求。运动给人带来身体上的愉悦、群体团结精神和直接而纯粹的快乐，运动在所有社会的任何历史时期都是常见的。日常生活的活动中，少有几件事情像运动一样被如此慎重地对待。

运动来自人性对掌控自然、维持生命的努力。投掷类的比赛源于打猎和驱逐敌人；赛跑起源于追踪野兽和迁徙时维持沟通的活动；搏斗类的运动来源于军事技能。工作和休闲之间的界线往往是模糊的，有时甚至并不存在。在人类历史的大部分时间中，大多数人的生活即是工作，工作即是生活。当工作和生活的对等关系暂时中断时，运动便发生了。比如，在完成收获之后的短暂时光里，享乐一定比生活更重要。

这种模式在全球所有的前工业化社会中得到了复制。早期的运动有时不是竞争性的，有时甚至不是身体活动，而常常与仪式类活动交织在一起。如果用现代词汇"体育"来描述早期的运动，除非是古代雅典奥林匹克运动会等少数一些场合，否则都是时代错误。古代运动的方法及其意义，与当今的运动有极大的区别。专业运动员在当时肯定是不存在的，而运动的目的往往也不是赢得比赛。

对于大众而言，运动的形式和社会作用随着时代迁移而不断改变。但是到了 16 世纪，运动的三大类已经形成。有些运动与军事训练相关，比如格斗和马术类的射箭、马上枪术比赛。有些运动与宗教等仪式相关，比如英国在圣诞、忏悔节等宗教节日时举办的社区宴会和运动会，即教会售酒节（Church Ales）和足球比赛。有些运动是在集市或节日上举行，比如五月柱舞（Maypole dancing）和女性的罩衫赛跑（smock racing）。当然，很多运动的开展仅仅是因为人们有空闲时间，比其他运动更加自发和随意。

这些分类并不互相冲突，而是可以重叠，甚至可以合并。中世纪的精英们有大量的空余时间，他们开发了复杂的比赛活动。社会最富裕的阶层有能力聘请剑术、室内网球、马术等运动的专业人士和教练。但是这些活动与现代体育不同，它们没有普遍适用的规则，不是商业行为，也没有和日常生活区分开。有时候人们会针对运动来赌博，举办运动的酒馆店主也会趁机增加饮料和食品的销售。然而在 18 世纪之前，这些商业行为都是偶然性的，并没有促使运动成为文化生活中的独立范畴。

从 18 世纪初开始，英国最重要的一些运动的性质改变了。到 17 世纪 50 年代左右，英国最重要的三大运动——赛马、拳击和板球——发生了根本性的质变。这些运动起源于农村，后来却有了显著变化。相较于其前身的农村运动，这些运动有了普遍适用的规则，并且能够系统性、有规律地产生收入。

简而言之，这些运动成为了商品，观众付费观看、运动员收费参与、可以押注大额赌注。现代体育开始形成了。

然而，现代体育为什么会发祥于这个欧洲西北海岸上的、被乔治·奥威尔（George Orwell）称为"寒冷而微不足道的小岛"的地方？为什么是在这个时期？

这不是因为英国人比欧洲其他国家更热爱运动。其他欧洲国家也有类似的运动传统。在近代欧洲的早期，几乎每一个地区都有本地运动的风俗。比如意大利佛罗伦萨有复杂的卡尔乔足球（Calcio）、欧洲大陆随处可见的简单的跑步和跳高、跳远。西班牙斗牛彰显了西方世界对流血运动的热爱，在英国则表现为斗鸡和斗公牛。法国的运动传统与英国极为相似。法国北部盛行苏尔球（Soule）运动，这是一种在教区和其他社区间举行的球类运动。法国拳击是一种流行的搏斗运动，但与现代自由搏击并不相似。室内网球（Jeu de paume）是现代网球在中世纪的先驱。在古典槌球（Jeu de mail）运动中，人们用木槌打球，与现代的槌球运动类似。此外，法国的上流社会和英国贵族一样热衷于赌博。一位17世纪初期的观察家发现，英吉利海峡两岸的这两个国家，在运动的习惯上并无二致。

然而，法国等国家的传统运动并没有驱动19世纪末、20世纪横扫欧洲大陆乃至全球的体育革命。起源于英国的现代运动和基于英国模式发展的运动，才是体育革命的主流。一些美国运动在20世纪大行其道，但它们也都源于英国。比如美式足球由英式橄榄球发展而来，棒球是英国的传统运动，篮球由强健派基督徒发明。与欧洲不同的是，在19世纪中叶以前，美洲的运动长期不发达、缺乏活力，甚至没有运动。在18世纪的英伦三岛，经济和社会发展推动了传统农村运动的转变，这也体现了英国在现代体育发展中的中心地位。

18世纪，英国是一个发展中的资本主义国家，尚未达成工业化。封建制度在农村的残余，正被逐步扫清。在此前的两个世纪中，经济和社会的性质发生了巨变。欧洲的其他国家，按照封建制度的固定社会阶级来组织农业，而英国则是由拥有土地的贵族按照资本主义利润驱使的原则进行组织。17世纪中叶的英国革命摧毁了封建制度的经济残余，竞争获得租赁、土地和工作已经成为社会规范。欧洲贵族以随行扈从的人数来彰显地位，英国贵族则已经以财富为标准。无论是城市还是乡村，国内还是国外，甚至是休闲娱乐，英国经济的目的都是产生利润。

得益于英国尤其是英格兰农业经济的发展，英国贵族对待财富的态度与欧洲贵族迥异，其财富积累也丰厚很多。英国贵族的财富不仅来自农业，还有战争获利、政府合同、股市投机以及在大英帝国海外殖民地的投资。此外，从伊丽莎白时代起，英国贵族就有大额赌博的传统，这种传统在此时发展成为了金融投机的狂潮。正如劳伦斯·斯通（Lawrence Stone）所说，对于英国贵族而言，"用100英镑押注掷骰子和投资高风险的探险航行、购买弗吉尼亚公司（Virginia

Company）的股票和下注赛马，心理上是一样的"。在英国，彰显贵族地位的手段不仅是挥霍财产，还有奢侈浪费。尤其是年青一代，他们通过赌博来展示自己挥霍不尽的财富、充沛的男性气概和大量的休闲时间。1750 年，坎伯兰公爵（Duke of Cumberland）押注杰克·布劳顿（Jack Broughton）和杰克·斯莱克（Jack Slack）之间的一场颇有争议的比赛，损失了一万英镑。这样的赌注丝毫不少见，也远不是当时单次下注最大的运动赌博。

欧洲贵族依然坚守着封建、前资本主义的社会制度，他们的金钱规则与英国贵族不同。1720 年，约翰·劳尔（John Law）的投机企业密西西比公司（Mississippi Company）突然倒闭，受此影响，法国贵族的赌博活动被严重抑制。与此同时，18 世纪的英国贵族赌博的热情大大高涨。在拿破仑战争结束之前，由贵族、上流社会人士及其附庸者组成的非正式组织"幻想俱乐部"（The Fancy）有力把控着大部分的运动。1751 年，亨利·菲尔丁（Henry Fielding）写道："对上流社会而言，时间是敌人……他们的主要职责就是消耗时间。"亨利八世（Henry Ⅷ）时期，贵族最爱的是军事型的封建制娱乐活动，比如射箭、马上长枪和马上比武。18 世纪的贵族放弃了这些活动，但不是因为热爱和平。在 18 世纪，除了 30 年代以外，英国几乎每年都有海外的战事。一些爱好运动的贵族将军事和运动的收益结合到了一起，其中最引人瞩目的是坎伯兰公爵，他因为 1746 年对苏格兰的血腥报复而被称为卡洛登屠夫

（Butcher of Culloden）。封建制的军事型运动已经不能反映贵族的文化，即竞争、获胜、得利。这也是英国贵族在商业中的目标。

利己主义思潮的出现和政治文化生活中的竞争，反映了英国的资本主义改革的过程。在 17 世纪末期，哲学和经济界的主导思想是人性本私和爱好竞争。此思潮的最有力支持者是托马斯·霍布斯（Thomas Hobbes），在《利维坦》（*Leviathan*, 1651）一书中，他辩称人的天性就是"所有人对所有人的战争"。这一观点彻底打破了之前英国对人性的认知，认为人性是基于基督教体系下固定的社会等级、责任和义务。事实上"人性"一词直到 18 世纪才被广泛使用。18 世纪的经济理论也都是基于利己主义。

以上是 18 世纪社会生活中的主流观点。亚历山大·蒲柏（Alexander Pope）在 1733 年的《人论》（*Essay on Man*）中以极其优雅的笔法做了如下阐释："自爱，动力之源泉，灵魂之驱动；理智，制衡之平衡，一切之支配。"此思潮最起始的雏形可见于伯纳德·曼德维尔（Bernard Mandeville）的作品，在《蜜蜂的寓言》（*The Fable of the Bees*）等作品中，他描绘了一个全由利己主义驱动的社会。在 1723 年《探寻社会的本质》一文中，他写道："如果没有利己主义的驱动，社会必将败坏，甚至完全解体。"丹尼尔·笛福（Daniel Defoe）的《鲁滨逊漂流记》（1719）和乔纳森·斯威夫特（Jonathan Swift）的《格列佛游记》（1726）之所以风靡，也是因为他们恰如其分地阐述了个体和社会之间关系的转变。笛福的《摩尔·弗兰德斯》（*Moll Flanders*）一书更粗暴地探讨了这一主题，书中摩尔试图通过肉体获利。1776 年，亚当·斯密（Adam Smith）在《国富论》中断言："我们一日三餐所仰仗的不是屠户、酿酒师和面点师们的仁慈，而是他们对个人利益的追求。"大部分的读者对此毫无异议。

运动的本质就是竞争与输赢，因此它的重要性被社会放大了。男人们（女人极少被涵盖在内）在拳击场上、跑马道上、板球队里的竞争，已不再是单纯的娱乐，而是资本主义社会中日常生活的比喻和反映。

运动是生活本身的反映。在体育仅被视为娱乐的时代，这一全新的理念是完全不可想象的。这一理念反映在 19 世纪初无名氏的一首打油诗中：

> 生活呀，就像是运动——
>
> 求胜呀，不靠碰运气
>
> 倒是技巧，常把运气送过来。

作家和记者也越来越常把运动和生活加以类比。世界第一本运动月刊《体育杂志》（1792）在报头上宣称，"为男士的娱乐和进取"。1793 年《赛马俱乐部——当年赛马风俗梗概》（*The Jockey Club, or A Sketch of the Manners of the Age*）的作者表示："人类都像是赛马骑手，每个人都为利益而驰骋。"英国摄政时期的记者皮尔斯·伊根（Pierce Egan），通过其笔法和自我推销的天赋改变了运动报道的性质，使之不只是叙事。在 1812 年概述拳击历史的《角斗》(*Pancratia*) 一书中，伊根表示探索者发现"长期怀有敌意之人，对每一种体育运动都热情高涨"。1824 年版的《拳击赛》(*Boxiana*)，则是伊根的一部笔法浮夸的职业拳击赛编年史，该文章在开篇处引用了《国富论》。

　　体育不是 18 世纪中唯一一项商业化的休闲活动。早期的娱乐行业出现了，娱乐活动第一次成为大量、长期盈利的商业目标。中产阶级和上流社会的消费力提高了、闲暇时间增加了。18 世纪，戏剧、音乐和绘画都有了长足的发展。在查理二世统治时期，伦敦以外地区没有剧院。到 1775 年，英格兰的每个大城市都有一座剧院。图书馆、音乐厅、画廊的发展也基本如此。商店和消费品成为城市经济的重要组成部分。娱乐商业化快速发展的显著标志之一，就是媒体的壮大。17 世纪末对出版的解禁刺激了国家和省级报纸杂志的发展。1702 年，第一份日报《每日新闻》(*Daily Courant*) 创立了，其后涌现了很多日报。1695 年到 1730 年，创立了三十多种省级报纸。期刊也不断出现，1709 年创立的《闲话报》(*Tatler*) 和 1730 年创立的《绅士杂志》(*Gentleman's Magazine*) 便是其中翘楚。

　　因此，**从 18 世纪初期开始，印刷资本主义和运动共生、互相依存**。如果不是报纸杂志的发展，运动不会也不可能商业化和规范化。这成为了运动的铁律。我们可以看到，在 18

世纪的英国、19 世纪的美国、20 世纪的法国和日本，印刷既是运动商业化的驱动因素，也是受益方。20 世纪的电台和电视也是同样的情况。早在 18 世纪上半叶，报纸业通过体育广告得到了丰厚的收入，也通过体育报道大大增加了其他广告量。相对的是，体育行业增加了赛事的曝光，同样重要的是，体育借此成为了日常谈论的话题。自 1715 年起，《周刊》（*Weekly Journal*）开始为拳击赛做广告，到 18 世纪 20 年代末，体育赛事广告已经司空见惯。此报纸对体育的报道反映了也塑造了运动与更广泛的社会文化的关联。拳击手的挑衅和对未来赛事的宣言也反映了这一情况。1727 年，约翰·惠特克（John Whitacre）自称为"著名的林肯郡牧人"，是"登台比赛的拳击手中最勇猛最强壮者"。他的对手约翰·格雷顿（John Gretton）则反击说，他将"重击这个无耻恶徒，让他从此以后再也不敢挑战我这样的拳手——宇宙的冠军"。这种挑战、质疑、竞争的叙述，是资本主义社会发展的关键，也就此深植在 18 世纪新兴的体育世界中。

　　体育成为了商业娱乐业的一部分，但是这种发展在英国并不统一，也不均匀，而是主要集中在活跃的资本主义经济区域，即 18 世纪的伦敦及其东南部地区。1700 年，伦敦已经是全球最大的城市，居民人数也从 1600 年的 20 万增加到了 50 多万。伦敦主导了英国和萌芽期的大英帝国的贸易和工业，占据英国 80% 的进口和将近 70% 的出口。到 1750 年，伦敦人口占到全英国的 11%，大约六分之一的英国人都在此居住过。大量的财富促进了伦敦文化的繁荣、商业娱乐的发展和消费文化的萌芽。约翰逊博士（Dr. Johnson）曾有著名的论断："如果一个人厌倦了伦敦，那么他便厌倦了人生。因为伦敦有人生所能给予的一切。"伦敦及其东南部地区是一个熔炉，汇聚了来自农村的无组织的娱乐运动，并发展出了现代体育。和戏剧、音乐、文学等娱乐行业一样，体育运动也在资本主义发展中发生了革命性的改变。经济变化使运动成为商业化的活动，并从根本上改变了运动的参与、组织和管理方式。这个过程可见于当时最重要的三个运动项目——赛马、拳击、板球。

在 18 世纪运动商业化之前，大家并不认为应该由普遍接受的、全国性的成文法律来管理运动。虽然某些运动有成文的规则，但是往往不被所有运动员接受，也不被任何当局组织认可。运动的商业化发展，使得所有运动都有了被普遍接受的法律规则。此举也使得法律在 18 世纪提高了地位、获得了新的意义。英国社会不再固守宗教权威和皇权，而是主张基于财产权的非个人的、"客观"的法律的中心地位。法律面前的透明和形式平等是顺利交易的关键，同理，法律是赌博和运动的规则。举办运动赛事时，"运动员协议"中会说明赢家的奖金等比赛条款，且经常引用法律规则，这一事实也反映了法律的地位。在这一时期出现了第一部赛马的正式法律、1743 年确立第一部拳击法律、1744 年颁布第一部被广泛接受的板球法律，这并不是偶然。

赛马在英国王室和贵族的文化生活中具有重要的象征意义。赛马讲究品种和血统，这正反映了统治阶层对于家族谱系的看重。正如卡尔·马克思（Karl Marx）所说：

> 贵族以血统门第为傲——即他们身体的来源。这种动物学的观点，反映在贵族家族的纹章中。贵族的秘密就是兽性。

在 17 世纪末之前，赛马一般是两匹马的竞赛，马主亲自骑驭，各自下注。赛马主要是社交活动，其社交意义重大，因此纽马克特（Newmarket）甚至试图阻止下层社会的观众观赛，而且赛马活动的安排也不定期。但是从 17 世纪 60 年代开始，马主开始雇佣专业骑师。第一位专业驯马师特雷根维尔·弗兰普顿（Tregonwell Frampton）也开始参与纽马克特的活动。到 18 世纪 20 年代中期，英格兰的 100 多个城市都有了赛马活动。由于其与王室以及最高阶层的贵族的关联，赛马比其他运动更有组织、更受习俗的限制，因此更多地保留了传统要素。比如，在 1840 年之前，进入赛马场看台对面的场地观赛，一般不需要支付入场费。

约翰·切尼（John Cheyney）在 1727 年出版的《赛马日程表》（*Racing Calendar*）是首次在全国范围内统一组织某项运动，该日程表列出了马匹、赛事和骑师。《赛马日程表》规定了赛马的一系列规则，由于该日程表的广泛流通，赛马赛事的行为准则得以标准化。到 1751 年，这些规则已经被广泛接受，该年的《赛马日程表》中也登载了正式的"赛马基本规则"。切尼的《赛马日程表》还记录了上一赛季的优胜者，方便进行比较，也保证了马匹间的公平竞争。切尼明确说明了自己出版《赛马日程表》的原因："没有正式的档案记录赛马的名次等信息。既然我煞费苦心地搜集了信息，希望能够发表出来供人使用。"《赛马日程表》也是体育统计数据的起源，这也是受到商业需求的驱动。**体育和经济一样，需要清楚、确实的信息以保证竞争的透明性，尤其是赌博。**其他运动的记录工作也是出于同样的原因。棒球大概是数据记录最详尽的运动。在19世纪60年代到70年代，棒球运动发展出了少为人知的评估标准。当时，棒球赛事的安排时间不定、球队旅行距离长，因此需要客观的方法来评估运动员，以方便转会。

赛马俱乐部成立于1751—1752年（该组织为半公开性性质，其具体成立时间不可考），进一步推动了运动规范化。该俱乐部是第一个体育运动的管理机构——虽然是自称权威、未经选举。带来这一进步的，是赛马经济的快速发展。赢家独得奖金（sweepstake）的赌博方式，提高了赛马下注的回报（因为不再是个人之间的打赌）。马主可以通过小额下注获得更多的回报，从而降低了财务风险。赛马开始参赛的年龄更低，所以驯养纯种马的投资回报增加了。赛马的比赛距离更短、骑师体重更轻、让步赛使得赛事更均衡，因此马主更有可能赢得比赛、赌博者更可能获得意外的胜利。在18世纪，赛马越来越有组织性，并且因此获得更高的经济收益。经典的无障碍赛跑在此时发明，圣莱杰马赛（St. Leger）（1776）、欧克斯马赛（Oaks）（1779）和埃普索姆的德比马赛（Derby at Epsom）（1780）确定了赛马运动的框架，并沿用至今。

运动的商业化和规范化相辅相成，拳击运动的发展清楚地反映了这一关系。搏斗运动可能和人类历史一样古老。在18世纪初之前，英国的搏斗运动包括徒手搏斗、摔跤以及使用剑和木棒的"棍棒搏斗"（cudgels）。1710年，知名的剑客和棍棒搏斗者詹姆斯·菲格（James Figg）自称为英国冠军，并在伦敦的托特纳姆法院路开办了一所搏斗学院，在学院中举办搏斗活动、传授"高贵的自卫技巧"。菲格的"圆形竞技场"大概是受到了"熊园"（Bear Garden）的启发。熊园是伦敦的一处流血娱乐运动的场所，从16世纪晚期开始，进行逗熊等活动。菲格以露天的笼中格斗闻名，而他建立永久性搏斗场的举动，显示了伦敦运动文化的经济效益。1725年，本·惠特克（Ben Whittaker）在牛津路的竞技场与一位意大利拳手搏斗，该拳手被报纸称为"贡多拉船夫"（the Gondolier）。赛事的奖金是20基尼，这不是一笔小数目，而且《每日邮报》（*Daily Post*）确信该次赛事的赌注共计高达"数百英镑"。

菲格于1734年过世。他作为冠军拳手和拳击界著名商人的衣钵，传给了他的学生——自称"竞技教授"的杰克·布劳顿（Jack Broughton）。布劳顿认为拳击运动缺乏一个收取合理入场费、阶级分离的场所。现有的场所在他看来没有区分"一流阶层的富贵人士和贫穷的低阶层人士"。1743年，他在伦敦中心开办了自己的竞技场，"精心设计，避免贵族被平民打扰"。其成本400英镑，由贵族捐资赞助。他同时要求拳击手必须付款才能上台比赛。由此，下一个世界英国运动的两大支柱形成了：严格的阶级区分、追逐经济利益。

同样重要的是，布劳顿知道如果没有被广泛接受、使比赛结果更具偶然性的规则，拳击运动难以获得商业成功——"观众不会被假拳或不平等比赛所欺骗。"只有"让观众满意"的拳击手才能在他的竞技场比赛。为了拳击比赛的透明度，他起草了一份规则，要求所有在他的竞技场举行的拳击比赛遵守。规则禁止继续攻击已经倒地的拳手、不准抓对手腰以下部位。最重要的是，这套规则确定了赢得或输掉比赛的判定标准，指派了裁判以解决纠纷。布劳顿的第五条规则甚至要求比赛结束后在观众面前分发比赛奖金，以示诚实正直。和赛马运动一样，布劳顿设计规则是为了确保比赛的公开公正，不是为了赌博中的明晰清楚。

竞赛透明度和赌博的共同需求，促进了18世纪第三大商业运动板球的发展。以球拍击球的运动，从16世纪起就有记载。由于缺乏详细描述，我们无从得知这些运动和现代板球的相似程度。从18世纪初开始，板球的重要性和地位大大超越了其他类似的球类运动。板球运动的领导者的社会地位，可以从他们的贵族封号中看出：坎伯兰公爵（the Duke of Cumberland）、多赛特公爵（the Duke of Dorset）、蒙特福德勋爵（Lord Mountfort）和最重要的里士满公爵（the Duke of Richmond）。1725 年 7 月，《日报》（*Daily Journal*）报道了在贝里山举行的一场赛事，从中可看出板球运动的精英属性：

> 下注者中，一方来自英国西部，由里士满公爵阁下率领。另一方来自英国东部，由威廉·盖奇爵士（Sir William Gage）和巴斯骑士男爵（Bart. and Knight of the Bath）率领……诺福克公爵阁下当晚呈现了高水平的比赛。

此中核心的利益是赌博。据报道，18 世纪初每场赛事的赌注为 50~100 基尼。到 18 世纪 90 年代，每场赛事的赌注往往能达到 1 000 基尼之多。由于金额巨大，纠纷时有发生，有时甚至导致诉讼。1719 年，为了 60 英镑的赌资，肯特人队将伦敦人队诉上法庭。板球运动的商业化进程，推动了被广泛接受的成文规则的出现。第一部成文规则出现在 1727 年。当时里士满公爵和未来的米德尔顿子爵（Viscount Middleton）分别选出一支队伍，参与一场十二人制的板球赛，赛事的《运动员协议》中规定了赛事规则。

到了 18 世纪 40 年代，板球赛事有了很大的观众群体。伦敦的大炮板球场（Artillery Ground）是板球比赛的主要场地，观赛入场费从 2 便士到 2 先令 6 便士不等。由于观众数量的增加，比赛的一致性和赛果的透明性更加重要。这不只是为了赛球赌博，也是为了统一所有俱乐部的比赛行为。1744 年，以大炮板球场为主场的伦敦板球俱乐部的"贵族对球员"赛事起草了一份规则，并得到伦敦所有俱乐部的认可。该规则在 1774 年被取代。1774 年，在多赛特公爵和唐卡维尔伯爵的主持下，肯特、汉普、萨里、苏赛克斯、米德尔赛克斯和伦敦俱乐部的十二名代表起草了一份新的规则。这份规则中有一章的标题是"赌博"，规定了如何对某位击球手和赛事下注，赌博对板球发展的重要性可见一斑。

1787 年，马里波恩板球俱乐部（MCC）成立，板球商业化、赌博和贵族赞助之间的相互关系也到达了顶点。该俱乐部是温切尔西伯爵和里士满公爵所领导的白管俱乐部的延续。白管俱乐部的一位职业投球手托马斯·洛德在多赛特广场开办了一个封闭式的板球场，从任何方向进入该场地都要收取入场费。之后白管俱乐部放弃了其在伊斯灵顿的场地，成立了 MCC 俱乐部。出于其高超的社会地位，MCC 俱乐部和赛马俱乐部（Jockey Club）一样，是板球行业未经选举的权威。成立的第二年，MCC 俱乐部通过修改更新 1744 板球规则而进一步确立了权威。虽然 MCC 俱乐部已经在单球门赛事规则中规定了赌博规则，但是新出版的板球规则还是和旧规则一样，包含了赌博规则。MCC 俱乐部对板球运动的管理地位稳定，其新场地罗德板球场的吸引力也毋庸置疑。1793 年的夏天，该场地举办了十四场赛事，共筹得赌注 11 000 基尼（1 基尼相当于 1 英镑 1 先令），每注不少于 500 基尼。1800 年举办了十三场赛事，获得了相同金额的赌注。从赛马俱乐部、MCC 俱乐部和其他板球俱乐部的例子中可以看出，**运动俱**

乐部是运动商业化、组织和发展的结果，而不是原因。史蒂芬·希曼斯基（Stefan Szymanski）曾指出，"现代运动的发展，源自欧洲启蒙运动期间产生的新的社会结合性"，主要是绅士俱乐部拉动了现代体育发展的马车。运动俱乐部的产生，基本是在 18 世纪运动商业化之后。彼得·克拉克的重要著作《1580 年至 1800 年的英国俱乐部和协会》清晰论述了该事实，19 世纪之前成立的大量的俱乐部和协会中，几乎没有运动类的。直到 19 世纪中期，作为城市中产阶级男性的社交和娱乐网络，运动俱乐部才开始盛行。美国的例子不具典型性。虽然中产阶级的协会文化盛行，但是因为没有赛马活动，所以在 19 世纪商业娱乐爆发之前，美国几乎没有有组织的运动。

上述情况的唯一例外是 18 世纪苏格兰的高尔夫俱乐部。当时，高尔夫球是苏格兰中产阶级的社交方式。虽然赌博对高尔夫的作用和其他运动相同，但是社交的重要性更强烈。高尔夫活动缺乏商业化进程的统一力量，所以只能产生零碎的、各俱乐部独有的规则。1744 年，利斯绅士高尔夫球会提出了该运动的第一份规则。1888 年，苏格兰圣安德鲁的皇家古典高尔夫俱乐部的规则被广泛接受，高尔夫运动才有了统一的规则。此时高尔夫不仅是中产阶级的社交活动，也是英语国家的娱乐文化，开始了商业化进程。

有一些运动进行了商业化，但是没能发展成为规范化的现代运动。徒步主义——跑步和步行比赛——在 18 世纪末到 19 世纪初得到了广泛关注、吸引了大量资金。徒步主义比赛一般要求在指定时间内完成一定距离。比如，1790 年福斯特·鲍威尔（Foster Powell）为了 20 基尼的奖金，在 138 小时内在约克到伦敦之间徒步往返。最著名的赛事发生在 1809 年，罗伯特·巴克利上尉 1 000 小时内在纽马克特荒原徒步 1 000 英里，奖金是 1 000 基尼。这次活动吸引了十万英镑以上的赌注。当时的徒步运动员训练强度很大，成绩可以与 19 世纪末的纪录相比。

然而徒步运动仅限于少数人参与，因此太过分散，无法成为规范化、统一化的运动。此外，该项运动保留了非商业化运动的诸多特征。赛事主要是基于任务、达成特定的里程或时间要求，而参赛人员很少超过两名，在大部分情况下只有一名运动员参与。因此，徒步赛事更像是早期农业经济时的运动。在农业经济时代，一旦完成了播种、收获等任务，工作即停止。而在资本主义工业化经济中，工作必须守时、受到严格管理。人们会在固定的时间内完成尽量多的工作，比如每天 14 小时的工时。可度量的、普遍存在的竞争性人格在拳击中表现得最为粗俗、在板球中表现得最为精妙，然而在徒步运动中却并不存在。

和拳击一样，斗鸡也吸引了大量的贵族赞助、大众的支持和巨额的赌博投注。最高级别的比赛有时会颁出 1 000 基尼的奖金。在 1830 年，斗鸡运动兴盛起来，之后很快被禁止。当时德比伯爵和约瑟夫·吉利弗的斗鸡比赛，单场赛事奖金为 1 000 基尼，总冠军奖金为 5 000 基尼。斗鸡在赛马大会和许多城镇乡村的酒吧中都很常见，但是 19 世纪上半叶的道德讨伐使得大部分的动物运动被法律禁止，斗鸡运动也因此中断。此外，斗鸡运动经常导致斗鸡死亡，落败的斗鸡往往在比赛中死亡。因为斗鸡的经常死亡和庞大的数量，所以无法计算胜率。因此，很难以赛马的模式来长期持续地对斗鸡运动进行商业开发。

法国拳击（savate）是一种允许踢打和重拳的法式拳击运动，因为商业化不足，一直无法与英国拳击竞争。法国拳击在法国一般被视作决斗的方式，而不是赌博或赢得奖金的机会。其赛事时间短、很难确定输赢，所以商业化进程迟缓。相对的是，布劳顿和昆斯伯里侯爵的拳击规则很清晰，要求佩戴拳击手套、每轮时长三分钟，并引入了现代拳击的规定。19 世纪末，法国拳击谋求商业化，然而即使在法国，它的商业价值和知名度也远远不及英式和美式拳击。这些商业化失败的例子说明，是资本主义商业主义赋予现代运动以规则和结构，而不是韦伯主义的笼统的"现代化"概念。

需要注意的是，足球虽然在 20 世纪和 21 世纪风靡全球，但是并没有出现在现代运动的早期发展中。虽然很多地区有不同形式的足球，但是没有形成统一的规则，所以不同村庄、城镇或地区的球队无法比赛。与拳击、板球、赛马不同的是，足球没有有影响力的贵族赞助人，所以无法成为流行的全国性运动。足球被视为工人阶级的运动，且有着莫须有的暴力名声，所以上流社会对其持怀疑态度。1719 年，英国政府以

"掩护骚乱的公众集会"为名，在爱尔兰明令禁止足球运动。如此的怀疑并不是没有根据的，足球比赛确实曾被用来掩护抗议圈地运动的活动。比如，1724 年在埃塞克斯的怀特罗丁。另外，1740 年在凯特灵，人们以足球比赛为掩护，破坏当地的一家工厂。

20 世纪之前的"足球"一词，指的并不是英式足球。一些足球历史研究家和争夺历史传统的官员曾声称，现代足球发源于他们当地的足球运动，但其实现代足球和近代足球截然不同。根据当时的记载和已经成为纯仪式行为的阿什伯恩的忏悔星期二足球和佛罗伦萨的卡尔乔足球，可以看出所有的近代足球都允许手传球、扔球和踢球，而现代足球却禁止场外球员传球。1887 年，蒙塔古·希尔曼在《田径和足球》（*Athletics and Football*）中写道："（足球的）原型里，完全没有只能脚踢球的规则。"某些赛事也有正式的规则，比如规定每方 11 名球员。但是规则往往是地方性的、短暂的，在周边地区不适用。在 19 世纪 50 年代之前，足球对现代体育的发展毫无助益。然而在此之后，足球成为了 19 世纪运动革命的推动力。

足球还是边缘性项目时，现代运动已经有了雏形，成为商业化娱乐活动、休闲服务业的一部分。18 世纪，休闲服务业在伦敦和英格兰东南部出现。运动的商业化尤其是赌博，推动了运动市场的发展。同样地，由于赌博让观众能够亲身参与赛事，所以也促进了本地的公民自豪感和民族主义情感。

赌博使得比赛结果与观众利益攸关，这种个人参与感是戏剧和音乐所不能提供的。因此，现代体育成为了一种特别引人注目的娱乐方式——就如同观看戏剧时下注赌奥赛罗和苔丝狄蒙娜会永远幸福地在一起，并且意外地实现了一样。**运动就像是没有剧本的情节剧，其结果和每个人都息息相关，牵动每个人的情感或金钱利益。**

这种情节剧围绕着赢或者输的二元展开，所以运动天然具有竞争性，比所有别的娱乐方式都更强。这恰好吻合了当时认为人性好竞争的新思潮。运动不只是和资本主义同时发生，从经济组织方式和意识形态来看，运动是资本主义发展的重要组成部分。从日常讨论和经验主义"常识"——或称为"深层次政治"——的角度来说，**现代体育正是资本主义发展的表征。**

第二章

阶级冲突和传统运动的衰落

太叫人失望了，不准运动、不准踢足球。这是他们对付穷鬼的老套路。

德比工人，1845 年

据地方风俗所说，七百多年来，林肯郡斯坦福德的男人们每年 11 月 13 日都会聚在一起，追着一头牛从街上冲过。当天商店关门、街道封闭、营业场所停业。1829 年，一位评论家说，好像这里的人在这一天"持有执照，可以理直气壮地扔掉体面和秩序、肆意骚乱，不觉羞耻、不受限制"。然而在新的资本主义社会里，时间就是金钱、金钱就是时间，社会无法再忍受这种活动。1788 年，政府第一次试图禁止公牛跑，然而遭到了大众的坚决反对。维护公牛跑的战斗持续了五十年，即使在《防止虐待动物法案》(*Cruelty to Animals Act*)宣布公牛跑非法后，抗议依然持续着。1839 年，政府派出一个骑兵团和数百名临时警察前往斯坦福德进行镇压，公牛跑才终于结束。此事件说明了大众对传统娱乐活动的支持程度，也说明了政府制止此类活动的决心。

英国有数百种传统娱乐，常常被描绘在"可爱的英格兰"(Merrie England)的田园天堂中，斯坦福德公牛跑只是其中之一。可爱的英格兰是一种封建社会，是恭敬和谐的农村田园生活——据称，公牛跑的最初场地是由萨里伯爵五世提供的。传统运动包括了各种类型的逗动物、棍棒球类运动（但不包括高尔夫）和足球。虽然非常流行，传统运动却基本不涉及商业目的，而且没有规则、没有管理组织，一般在节日或假日进行。

资本主义侵入了经济和社会生活的方方面面，渐渐破坏了传统娱乐活动的基础。传统运动并不是独立存在、自给自足的。大部分的传统运动都和集市、节日相关联，而且不定期举行，除了在五朔节、圣神降临周和其他宗教或世俗节日以外。传统运动不是一夜间消亡的，农村体育运动和工业社会之间并没有"娱乐真空"或者巨变。新旧交替是一种共同而不均衡的发展，既有延续也有急剧变化。一些传统运动存活了下来，比如北方的棍棒球类游戏射球一直到 20 世纪初依然流行，尤其是在农村经济和小规模农村工业经济的区域。保龄球、飞碟射击等运动，被酒吧和酒店用作吸引客户的手段，因而一直存活到第一次世界大战。区域性的运动变种往往非常顽固、难以改变。有一些运动被现代科技彻底改变，比如在 20 世纪 20 年代，猎兔子被改造成猎狗赛跑。

但不可争辩的是，很多传统运动衰落并逐渐消亡了。这不是因为它们的内在品质不足，而是外部环境改变了。17 世纪末开始，通信和交通方式改变了，大规模年度集市不再重要，商人会定期供应本地市场，因此在节日举行复杂活动的机会消失了。在传统的节日上，农村劳工完成了工作，和家人通过美食、美酒、跳舞、宴饮、运动来享受劳动成果。但由于农业的工作量增大、乡村社会结构改变，农村经济需要不断提高效率，因此传统节日的习俗也开始衰落。在剩余的公用土地被圈地后，农村生活的资本主义化加速了，并带来了毁灭性的后果。在 1750—1830 年，通过四千多项圈地法案的议会动议，六百多万英亩的公用土地（约为所有耕地的四分之一）被转为私有土地。

英国土地上的劳作者不是农民（由于封建关系和居住权而从属于贵族地主的糊口农民），而是收取工资的劳工和拥有小块农田的小农，而小农也需要为他人工作以糊口。到了 18 世纪末，如果只耕种自己的土地，小农无法糊口。大规模资本主义农业使他们不得不出卖自己的劳力，成为农业工人。农村劳动力在各个农场之间迁徙，而在农闲或者找不到工作的时候，他们流离失所、十分贫穷。这些变化导致一个结果，就是需要开阔的户外场地的足球、板球等运动衰落了。萨福克的一位牧师在 1844 年表示，本地人民：

> 没有草地或公用地可供运动。我听说大概三十年前，他们在每年的特定时段可以将某块土地作为操场使用，届时他们会踢足球。但是出于某些原因，他们没有这种便利了，场地也变成了耕地……最近他们开始打板球，有两三个好心的农民允许他们在自己的地里玩。

当时，英国已经开始了城市化、工业化的进程。工厂成为城市工业资本主义的中心，为了劳动纪律和效率，社会要求新的工作方法和新的工作态度——严肃、秩序、节约、勤奋。农村的劳动方法被视为有效劳动的阻碍。皮特（Pitt）的战时秘书威廉·温德姆（William Windham）在他针对拳击、斗牛等"传统"娱乐的辨述中，遗憾地说：

> 绅士们应该急切地让下层人民放弃他们的娱乐。如果他们沉溺于这样的消遣当中，就无法有效工作。由于这种目光短浅，他们将成为富裕阶层不得不承担的负担。

在农业经济中，劳动力只在繁忙时工作，有大量的闲暇时间。但工厂的工作是持续、密集的，几乎没有间断。在 1847 年通过《十小时工作日法案》（*Ten Hours Act*）之前，工人们每天工作十二小时，每周六天。对农村生活非常重要的公共假日几乎消失了。1761 年，英格兰银行有 47 天的假期，到 1834 年只有四天。八年后，康沃尔的矿工每年只休两天：圣诞节和耶稣受难节。

在圣星期一时，工人不去上班，或者比平时懒散一些。这样的做法也被视为损害生产力。为了建立起强调勤奋的新价值观，社会上兴起了无数针对工人阶级的"道德"运动。比如，强调工作中和工作外的纪律、立法禁止不道德或浪费的体育运动。在 19 世纪中期，社会试图向底层人民推荐"理性的"娱乐方式，使其能够更好地工作。他们试图让工人阶级抛弃无德放荡的娱乐，代之以有教育意义、道德水准更高的消遣方式。这些举措得到了警方的支持。1829 年《大都市警察法案》（*Metropolitan Police Act*）生效，此后，用罗伯特·斯托奇（Robert Storch）的话来说，警察扮演了"国内传教士"

的角色，试图镇压"不道德的"运动和娱乐。

　　社会不再容忍大范围、长时间的大量观众参与的运动。德比传统足球运动的一名反对者曾在 1832 年抱怨："停业将近两天的时间，让居民参加一项只有喜悦而没有任何价值的野蛮运动，这完全不值得考虑。"1835 年的《公路法》（*Highways Act*）禁止在道路上踢足球。由于资本主义经济追求利润最大化、要求系统性地合理使用空间，所以城镇的布局也改变了。1831 年，霍雷肖·史密斯如此描写了伦敦城市化挤压大众娱乐空间的过程：

> 所有的空地和绿地都变成了街道，土地一块接一块被建筑占据，所有大众娱乐的场所都被砖堆取代。足球场、板球场、保龄球场、开放或封闭的射箭场和别的娱乐场所都被切割成为广场、街道、巷弄。

　　19 世纪上半叶，阶级冲突前所未有的激烈。1810—1819 年发生了捣毁机器的卢德运动、德比郡工人武装暴乱等事件，其中最臭名昭著的是 1819 年对非武装抗议者的彼得卢屠杀。阶级关系非常敌对，阶级冲突和产业冲突不断。在如此的环境巨变之下，开展体育活动的机会陡然下降。正如汤普森（E. P. Thompson）所言：

> 很明显，1780—1830 年发生了重要的改变。"标准"的英国工人更守纪律、更遵守生产的"时钟"、更克制有条理、少了暴力和冲动。传统的运动也被一些更安静的爱好代替。

在传统娱乐活动被迫消失的过程中，工人阶级也进行了抗争，他们认为这是在保卫工作权、夺回对生活的少许控制权。值得一提的是，虽然组织运动所需的时间和空间急剧下降，但是运动还是深植于工人阶级的文化当中。1845 年，在当地议会试图禁止传统的德比足球赛时，一位足球赛的支持者说："太叫人失望了，不准运动、不准踢足球。这是他们对付穷鬼的老套路。"

对传统运动的禁令也曾受到坚决的反对。斯坦福德公牛跑运动在 1839 年才完全废止，在此之前，抵抗活动持续了五十多年，直到政府派出军队进行镇压。德比的忏悔节足球赛受到无数次的镇压，都被工人阶级阻止了，直到 19 世纪50 年代这一活动才完全消失。在法律禁止斗鸡和斗狗后，这两项运动并没有消失，而是转向地下。1853 年的赌博法令禁止街头聚赌，有效地使工人阶级的赌博非法，然而工人阶级赌博的热情并未衰减。在谢菲尔德、伯明翰等地，技艺娴熟的工匠拥有很高的经济权力，因此圣星期一的传统也延续到了 19 世纪后期。教会活动、戒酒运动和中产阶级信徒推广的旨在要求工人阶级理性娱乐的"自我完善"活动，则往往被忽视或破坏。工人俱乐部本来是绝对禁酒组织，短短几年之间变成了全国性的减价酒水俱乐部，这可能是理性娱乐主义者最大的失败。

严守安息日者要求星期日不能有任何娱乐活动或非宗教性活动，他们同样遭到了尖锐的反击。1855 年，大约二十万人在伦敦示威，抗议《限制周日营业法》(*Sunday Trading Bill*)。该法案限制的唯一对象就是工人阶级，他们周六工作，只能在周日购物。马克思曾说，这是——

> 教会和资本垄断共谋的阴谋。在两个事件中，宗教刑罚都判处了下层社会，以便让上流社会自觉良心安定……英国贵族在 19 世纪说过：我们，假装虔诚即可；大众，需践行基督教。

基督教安息日是娱乐活动的一个主战场。18 世纪，循道公会等福音派基督徒不断发起活动，强烈反对体育运动，他们认为运动助长了放荡和恶习。1625 年，曾颁布一项《星期日戒律法》(*Sunday Observance Act*)。此法案在克伦威尔时代以外的时期都是一张废纸，但是在 19 世纪早期，类似的思潮再露苗头。1802 年，威廉·威尔伯福斯（William Wiberforce）创立了压制罪恶协会（Society for the Suppression of Vice），其前身为宣言协会（Proclamation Society）。此协会投入大量的精力，追查破坏安息日戒律者。悉尼·史密斯（Sydney Smith）一语道出了该协会的真实对象，他称之为"压制年入五百英镑以下者罪恶协会"。1831 年成立的主日戒律协会（Lord's Day Observance Society），反对在星期日进行任何运动、娱乐和消遣活动。他们发起法律诉讼和公共运动，使得英国在 19 世纪中期到 20 世纪末的星期日里，几乎完全没有体育活动。

　　城市中产阶级是大部分活动的推动者。在个人层面被称为"体面"的秩序和控制，是蓬勃发展的资本主义经济平稳发展的关键，而从乡村带入城市的传统活动往往被视为无纪律、放荡、无节制。在快速成长的城镇里，在福音派教徒等人士的领导下，企业主、商人和职业人士发起了严守安息日主义活动和禁止动物运动的活动。一定程度上说，这些活动不只是为了反对工人阶级不道德的休闲方式，同时也针对贵族的荒淫无德的行为。1824 年，皇家防止虐待动物协会（Royal Society for the Prevention of Cruelty to Animals，RSPCA）成立了，该项行动引发了 1835 年的《防止虐待动物法案》（*Cruelty to Animals Act*）。该法案禁止了部分逗动物运动，1849 年禁止了斗鸡，最终禁止了所有的残酷的动物运动。这是中产阶级第一次介入运动，他们作为运动的道德裁决人的角色继续发展，在 19 世纪末达到了非常高的程度。

　　对于 18 世纪的运动员而言，所有变化中最令人吃惊的莫过于禁止流血运动项目。虽然一些后世的学者认为这是英国社会中"文明化"这只看不见的手的作用，但事实上，这是为了创建适合城市工业资本主义经济的新道德模式、为了绞杀劳动阶层的娱乐活动。虽然有改革者对贵族提出质疑，但猎狗打猎活动并没有被禁止。循道公会的创始人约翰·卫斯理（John Wesley）等人认为，赛马和其他动物运动同样残酷，但赛马运动也没有被禁止。为了保证立法的阶级差异，RSPCA 的主要支持者是狩猎者，这个组织基本上只是规范城市工人阶级的斗鸡和逗动物活动。基思·托马斯（Keith Thomas）曾说："禁止残酷的体育运动，主要是为了规范新的劳动阶层，提高该阶层的公共秩序、养成适应工业化的习惯。"

将英国和法国加以比较，就能看出中产阶级在反对虐待动物中的重要作用。20世纪以前，法国的城市中产阶级人口较少，农业在经济中占主导地位。因此，尽管法国城市中产阶级表示反对，斗鸡和更著名的斗牛运动还是延续了下来，并进行了商业化。法国的农村文化，没有像英国那样消亡。以农业经济为主导的西班牙也有同样情况。西班牙的斗牛运动在18世纪中期就开始了商业化，但是直到19世纪才成为完全商业化、有大量观众的娱乐活动。由于法国和西班牙城市中产阶级力量弱小，所以对流血运动的反击很慢。

流血运动项目在英国的快速衰落还有两个别的原因。在18世纪，由于赌资和赌博对运动的重要性，公平公正的重要性提高了。因为血统难以确定、比赛记录不清晰、不适合大量观众观看，动物运动没有成为长期商业赌博的对象，除了赛马以外。斗鸡是赛马之外最成熟的动物运动，但是斗鸡也受到上述问题的困扰。大部分的动物运动比赛都不能实现可测量、有意义，所以赌徒和博彩公司最终放弃了它们。

但是，公平比赛的含义也在改变。卢梭等很多启蒙思想家坚持认为人和动物之间没有根本性的区别，都是同一个自然世界的组成部分——这一点是与基督教相悖的。威廉·布莱克（William Blake）在《天真的预言》（*Auguries of Innocence*）

一诗中，以动人的笔触写道："一条狗，饿死在主人的门前 /
预示着国家的毁灭。"在大多数的流血运动中，动物都被拴绳，
这一点越来越被视为不公平。动物运动反对者塞缪尔·布拉
德利（Samuel Bradley）在 1805 年写道："动物和人一样……
有感觉、有情感。"动物无法逃脱比赛，在斗牛等活动中，它
们也无法有效反击。这与竞争、利己的新思潮背道而驰。最
重要的是，动物运动挑战了人类体育比赛在社会中的中心地
位。当时社会的精髓是人与人之间为了利益或生存而战，而
在人与动物的不公平竞争中，结局早已注定。

　　到 18 世纪末，这一观点已经不只是哲学辩论的范畴。在
法国革命尤其是大革命期间的英法战争的影响之下，形成了
一个民族叙事，将英国描绘成民主、自由和公平之所，回击
了大革命"自由、平等、博爱"的论调。虽然自身不是奴隶
制国家，但英国政府在 1807 年废除了奴隶贸易，此举措很好
地反映了民主自由公平的思潮和英国的全球战略考虑。公平
竞争也不限于运动领域。皮尔斯·伊根在《运动记录》（*Book
of Sports*）一书之中表示："公平竞争是布里顿的座右铭：她希
望将此规则推广到世界的每个角落，无论该处是何种国家、
宗教和肤色。"从拳击词汇中引申出的格言进入了日常语言，
比如"不要攻击已经倒下的人"、不允许"攻击腰部以下部位"
等。社会、贸易和运动中的"公平"成为了英国人评价自我、
评价其在世界中的角色的重要因素。

第三章
运动、民族主义和法国大革命

英国人，将向前，带着无上的勇气和高贵的心；不必刀枪剑戟，胜败只凭拳头！

皮尔斯·伊根，1824 年

1814 年 6 月，英国最杰出的拳击手聚集在劳瑟勋爵在伦敦的住所。劳瑟勋爵是保守党政治家，未来的朗斯达尔伯爵，英国拳击金腰带上至今仍刻着他的名字。当晚，汤姆·克里布（Tom Cribb）、约翰·杰克逊（John Jackson）、汤姆·贝尔彻（Tom Belcher）、比尔·里士满（Bill Richmond）等拳手贡献了最星光璀璨的拳击展览。观战的有沙皇亚历山大一世（Tsar Alexander Ⅰ）、普拉托夫将军（General Platov）和布吕歇尔元帅（Marshal Blucher）、普鲁士腓特烈·威廉三世（Fredrick William Ⅲ）和数位英国王子。他们正在去往维也纳会议的路上，由于法国拿破仑战败，他们将在会上重新划分欧洲。这次活动就是为了庆祝这些大国的胜利。一周前，克里布被介绍给普鲁士陆军元帅布吕歇尔。听说克里布是英格兰冠军，布吕歇尔回答："那么克里布也一定是元帅！"第一次，运动、民族主义和军国主义以公开的政治性的方式，联系在了一起。

法国大革命和拿破仑期间的英法战争，将体育和英国民族主义永久性地联系起来，而劳瑟的拳击展览象征着这种联系的达成。法国革命使公平成为英国运动的核心概念，但这不是法国革命及其余震对运动唯一的影响。在法国革命的影响下，英国运动及其文化涵义有了根本性的转折。从此，运动和民族主义不可避免地联系在一起。

民族主义和体育文化的交织缠绕不止存在于英国。在德国，出于被拿破仑军队占领的羞辱，民族主义者发起了体育协会这一民族主义活动。德国从 18 世纪末起开始教授体育课，其主要的支持者顾兹姆斯（J. C. F. GutsMuths）在 1793 年出版了《青年体育》。1811 年，柏林教师费里德里希·路德维希·杨（Friedrich Ludwig Jahn）开办了一家露天体育馆，将体育运动和民族主义政治结合在一起。该做法在德国广为传播，各地都开办了体育协会（Turner）。很多协会会员参加对法国的战斗，杨本人也参与了民团。

杨支持德国统一和民主宪法，但并不激进。1810 年他写道："波兰人、法国人、神父、贵族和犹太人是德国的不幸。"1817 年，在杨的鼓励下，德国民族主义学生组织了瓦特堡游行，抗议维也纳会议未能裁断德国统一。在抗议活动中，学生烧毁了反德书籍和象征法国占领的物品。和英国人一样，德国民族主义者将德国的运动和体育协会组织带到了他们所去的世界各地。

没有什么比国耻更能促进体育运动。也是因此，瑞典成立了瑞典体育协会。在拿破仑与沙皇亚历山大一世签订《提尔西特和约》（*Treaty of Tilsit*）后，俄罗斯在 1808 年进攻瑞典，割占了芬兰。和德国一样，瑞典兴起了民族主义运动，意图重树民族自豪、再建瑞典文化。民俗学者和诗人佩尔·亨里克·林格（Per Henrik Ling）在瑞典担当着和杨类似的角色，他开发了一套教育和军事目的的体育系统，1813 年他被任命为皇家中央体育学院的第一任负责人。在 1814 年《基尔条约》（*Treaty Kiel*）后，瑞典不再是欧洲的军事威胁。因此，瑞典的体育教育失去了军事意义，在 19 世纪后期在英语国家大行其道。

在捷克，紧随着 1848 年革命的失败，国家独立运动也失败了，这导致了捷克索科尔（鹰）体育运动的兴起。索科尔组织由米洛斯拉夫·蒂尔（Miroslav Tyrs）于 1862 年发起，受到德国体育协会的影响，索科尔也是民族主义组织，谋求使捷克脱离奥匈帝国独立。这个组织非常军事化，成员穿着制服、参与军事训练。由于捷克民族主义的亲斯拉夫的历史渊源，索科尔发展成为泛斯拉夫的运动，在斯洛文尼亚（1868）、克罗地亚（1847）和塞尔维亚（1891）都成立了组织。索科尔在沙皇俄国也开始流行，尤其在 1905 年俄罗斯不光彩地输给了日本之后。这个事例也展示了军事失利和体育之间的关系。

在 18 世纪上半叶英国的体育运动中，爱国主义从未缺席。在 1744 年，杰克·布劳顿颇有些夸张地说："经验告诉我们，在英国人的拳头下，外国人颤抖得比在火枪下还厉害。"然而当时运动在英国文化生活中的地位相对较低，因此这种说法也不过是一个狡猾的商人的修辞。但是在 18 世纪的最后二十年，战争使得运动和英国的民族性密不可分。琳达·科利（Linda Colley）发现，在拿破仑战争期间，打猎俱乐部开始穿着"仿

照军装"的制服。1805 年，威廉·科贝特（William Cobbett）
表示运动对赢得英法战争很重要：

> 不只是拳击，摔跤、铁头木棒、单棍、斗公牛等各种
> 大众的运动，都有使人残疾甚至丧命的危险。但同时，这
> 些运动也让人们勇于进行更高层次的活动。这些活动以及
> 活动中自然产生的人格和结果，帮助我们维护了祖国的自
> 由独立。

尤其是拳击，人们认为它造成了英法两国国民性的差异。
皮尔斯·伊根解释说："英国人，将向前，带着无上的勇气
和高贵的心；不必刀枪剑戟，胜败只凭拳头！"相对地，欧
洲大陆更喜欢用刀剑和决斗来解决问题。威廉·温德姆在担
任皮特的战时秘书期间，曾经支持旺代省的反大革命行为和
波旁王朝的复辟。1809 年，在比尔·里士满通过 52 轮打败
乔治·马多克斯后不久，威廉·温德姆表示，拳击是英国人
战斗精神的精髓：

> 为什么我们如此推崇士兵们天生的勇猛，就像在塔拉
> 韦拉、维莫拉和梅达所展现的勇猛，但是却不鼓励会激
> 发这种勇猛的日常做法和习惯呢？拳击赛场观众席上的
> 三千名观众，他们的想法和勇士们在战场上的想法是一样
> 的。……大众平和、愉悦而柔弱，或是崇拜勇猛坚韧，这
> 难道没有区别吗？

幻想俱乐部的祝酒歌里也有对拳击和英法战争关系的类似叙述。幻想俱乐部是贵族的非正式组织，为伦敦运动界提供资金并赋予社会名望。1811 年，汤姆·克里布战胜了汤姆·莫利诺克斯，当时为之庆祝的一首十二节长歌里这样唱道：

> 斟满你的酒杯，先生，请接受我的祝愿！
>
> 当敌人踏上海岸，我们已准备妥当。
>
> 勇敢的巴克利走在前面，接受美丽的女士的崇拜。
>
> 无论是魔鬼还是拿破仑，就让我们来打败！
>
> （注：巴克利是一名徒步运动员，曾是克里布的教练。）

英法战争不仅是兵器相交，还是一场意识形态领域的较量。英国反对法国大革命所提出的主张，无论拿破仑是否支持这些主张。欧洲的统治阶级十分恐惧，害怕国内的穷人也会效仿法国的穷人，站起来反抗主人。因此，他们的敌人不止在国外，也可能以普通英国人的形式潜藏在国内。激进的辉格党议员理查德·佩恩·奈特（Richard Payne Knight）曾在 1806 年著文支持拳击运动："如果不能偶尔为奖金和荣誉勋章打打架，那么底层人民将会变成懦夫和暗杀者的乌合之众。为了金钱或国外暴君的野心，他们随时随刻都会牺牲上流社会。"

1804 年，体育杂志表示，体育可以替代"革命主义这一迷人的谬误"。一位幻想俱乐部成员在皮尔斯·伊根的《黑森林拳击》(*Boxiana in Blackwood*) 杂志中，著文称赞在曼彻斯特圣彼得运动场杀戮了十五名非武装示威者的彼得卢屠杀：

> 8月16日，曼彻斯特的地方官尽到了他们的职责。愿拳击繁荣，而激进主义消退。……没有什么比一群看拳击赛的英国人更高兴。没有煽动性的标语、没有演说家、没有需要大陪审团事后干涉的事况——一切由裁判裁决。

因此，特里维廉 (G. M. Trevelyan) 在《英国社会史》(*English Social History*, 1942) 一书中的观点并不算原创："如果法国贵族能和农民一起打板球，他们的城堡不会被烧毁。"体育技术的实用知识，也能够帮助受到被埃德蒙德·伯克 (Edmund Burke) 称为"卑鄙的大众"所冒犯的英国人。在1799年出版的拳击技术手册《徒手防御之术》一书中，作者悲叹："下层人的粗鲁，早已是这个国家的大憾。""抑制邪恶的唯一办法，就是个人惩恶。"之后，作者简要说明了如何以拳头发难。

运动的意义在意识形态层面进一步放大，超越了日常政治层面。运动和英国的民族认同与民族性进一步交织，运动的倡导者因此认为英国和运动的关系更深刻、更基本。1788年《完全拳击术》(*The Complete Art of Boxing*) 的匿名作者毫无根据地表示："在阿尔弗雷德大帝的时代，英勇的军事训练中就有拳击和摔跤。"与法国的冲突，让英国人更迷信运动是英国独有的，也对半虚拟的农村英格兰生活（风景往往是英格兰，即典型的英国风景）更加充满怀旧之情。这种倾向在华兹华斯的笔下最为清楚，也最为优美。在 1802 年《在多佛附近山谷，靠岸之日作》一诗中，他描写了自己从欧洲大陆回到英国的宽慰之情：

> 在祖国的土地上，再一次呼吸，
>
> 雄鸡啼叫、炊烟袅升、钟声鸣响。
>
> 远处的草地上，是
>
> 白衬衣的男孩们在嬉闹……

白衬衣的男孩代表板球，象征着一个永恒不变的田园式国家，和充满骚乱与斗争的欧洲截然不同。华兹华斯所描绘的是一种"可爱的英格兰"，是田园诗一般的恭敬的社会和谐。到 18 世纪末，经济和社会变化加速了，怀旧和对旧时的田园幻想国的向往非常流行。比如，射箭的复兴。1781 年，阿什顿·利弗爵士（Sir Ashton Lever）成立了射箭协会。这个协会在上流社会深受欢迎，一大原因就是它采用了中世纪的标志和习惯。同样的原因造就了一些书籍的流行，比如约瑟夫·斯特拉特（Joseph Strutt）在 1801 年出版的《英格兰人的体育和娱乐》(*The Sports and Pastimes of the People of England*)。该书宣称要探明运动在英国的历史传承，然而却很少提及板球、完全没有探讨拳击。皮尔斯·伊根的成功不只是因为他拙劣的散文，更是因为他将运动置于历史背景下进行叙述。伊根最有名的作品是《拳击赛》(1813)，该书一方面是他对拳击历史的详细讲述，另一方面是他对拳击的英式特征的思考。公平竞争是英国特有的概念，可以回溯到 19 世纪 20 年代的文书中。在沃尔特·斯科特爵士（Sir Walter Scott）的历史演义小说《劫后英雄传》（*Ivanhoe*，1820）和《尼格尔的家产》（*The Fortunes of Nigel*，1822）、黑兹利特（Hazlitt）1825 年的散文《可爱的英格兰》（*Merry England*）中，都可以找到"公平竞争和老英格兰万岁"的句子。在《可爱的英格兰》一文中，将滑铁卢的胜利归功于由拳击而习得的"英格兰的勇气和男性气概"。

以运动为载体虚造和改造传统的做法，曾不断发生，尤其是在运动或国家感觉受到威胁的时候。最极端的例子大概是威廉·韦伯·艾利斯和阿布纳·道布尔迪的神化。他们在橄榄球和棒球推广和发展时，几乎不知道这两项运动，死后却分别被指定为橄榄球和棒球的创始人。19 世纪 90 年代，皮埃尔·德·顾拜旦（Pierre de Coubertin）重塑奥林匹克运动会时，也是根据希腊奥林匹克虚构了业余主义原则。在 19 世纪 30 年代，由于职业球员的势力提升、源自农村的板球传统衰落，板球也开始重新设计其历史。约翰·奈伦的《我所在时代的板球队员》（*The Cricketers of My Time*，1832）一书，讲述了汉博尔顿板球俱乐部的故事，该俱乐部是 18 世纪 70 年代至 80 年代英国板球的权威组织。在这个田园故事中，"位高则任重"的贵族和顺从而骄傲的工匠，因为对板球的爱而站在了一起。这个故事为后续的板球写作奠定了基调，也是其他运动写作的基调。因此，在法国入侵和国内革命的威胁过去后，18 世纪 90 年代到 19 世纪 20 年代间出现的体育的文化涵义依然保留着。**运动普遍而长期存在，因此代表着一种"常识"和日常的世界观。**运动是民族主义和保守主义。运动是社会的缩影，它将自己视为一个市场，在其中每个人都有机会成为赢家或输家。此外，运动也是一个非常男性化的世界。讨论足球成为一种"深刻的政治"，通过貌似非政治化的方法表达政治观点，其不言而喻的假设自然是传统而非批判性的。**运动并不在政治生活之外，相反地，运动与政治的交织太过普遍，结果其中的政治反而显得无形。**

第四章
中产阶级发明业余主义

（橄榄球）协会的麻烦从工人的出现开始。如果没有这个闲暇，他就不该玩橄榄球。

亚瑟·巴德，1899 年

在19世纪二三十年代，18世纪运动的模式衰落了。运动得到的贵族赞助大大减少。幻想俱乐部衰落了，板球没有了大手笔的贵族赌注，贵族也不再光顾拳击场。后世的一些评论者和历史学家将这种衰落归咎于腐败，但没有证据证明拿破仑后的时代里，运动界的腐败比以往更严重。在18世纪后期，赛马一直不乏欺诈蒙骗。1791年，威尔士王子的骑师山姆·契夫尼（Sam Chiffney）因为涉嫌操纵比赛而被纽马克特禁止参赛。杰克·布劳顿曾经故意输掉比赛，使得他的赞助人坎伯兰公爵输掉一万英镑，之后他最初的圆形拳击场被迫关闭。板球运动员长期赌自己赢、对方输，这也留下了关于比赛透明度的疑点，尤其是在单球门比赛中。一位德国游客在19世纪20年代访问英格兰后写道："每一种运动都有作弊，这在英格兰十分常见，无论是上流还是底层。"

事实上，贵族逐渐退出大多数的运动，是因为18世纪以恭顺和控制为特征的等级制度崩溃了。彼得·伯克认为到1800年"牧师、贵族、商人和职业人士"放弃了英国流行文化的说法并不成熟，且范围太广。英国贵族对流行运动的参与一直持续到拿破仑战争结束。但是在滑铁卢战役后不到十年，贵族在政治、文化、体育领域都不再享有无争议的权威，并开始从运动领域撤出。在拳击项目上，这一趋势尤其明显。1814 年贵族第一次尝试建立一个相当于 MCC 俱乐部或赛马俱乐部的拳击组织，19 世纪 20 年代他们第二次尝试，但是两次相关组织都只维持了不到十年。失败的原因有两方面，首先是因为幻想俱乐部的衰落——当运动不再能提供社交自信时，参与赛事的贫民也不再兴奋；其次是因为城市里运动主办人的兴起，尤其是酒吧主。和板球与赛马相比，进入拳击市场的成本非常低，而且由于此前没能在拳击市场树立文化霸权，贵族很难维护其权威。皮尔斯·伊根的《拳击赛》等书籍和报道之所以在 19 世纪 20 年代流行，是因为提供了对最近过去的一个浪漫的幻影，一个摄政时代"纨绔子弟和职业拳手"的故事。在这其中，幻想俱乐部的贵族和拳击手都清楚了解并接受各自的社会地位和角色。这样一种浪漫主义的怀旧，与当时的社会实况并无任何关联。

虽然不像别的运动项目那样明显，但是在赛马中，贵族无争议的影响力也在下降，并有社会地位更低者的参与。这也被认为是赛马运动腐败的一个原因。1844 年，巴伦·艾德森曾说："我遗憾地见到一些绅士和地位远低于他们的人来往。如果绅士只和绅士来往，就不会有这样的问题。"1831 年创办《新体育杂志》(*New Sporting Magazine*) 的一个原因，就是为了和平民体育区分开来，该杂志的明星记者宁录尤其希望如此。该杂志甚至不愿意报道拳击。在板球运动上，贵族的颓势更为明显。在 1819 年到 1840 年的二十二场绅士对球员的比赛中，绅士只夺冠六次，而职业球员赢得十四次。职业球员的优势削弱了 MCC 俱乐部的权威，最后在 19 世纪40 年代成立全英十一球队。该球队是一支职业板球队，在英国巡回对战本地球队。该活动是由威廉·克拉克（William Clarke）组织和领导的，他就是未来组织运动的酒吧主的原型。由于该活动的成功，类似的职业球队纷纷成立，成为 19 世纪中期板球运动的主流。与 18 世纪为贵族打球的仆从相比，19世纪的专业球员并不依附于上流社会。他们一般是工匠出身，克拉克本人就曾是砖匠。得益于在板球上的造诣，很多球员后来成为酒店老板。和之前的球员相比，职业球员享有更大的自由独立。这些变化是和英国社会阶层变迁相关的。工业化和城市化的快速发展，使得中产阶级和工人阶级的人数和影响力扩大了。到 1851 年，一半以上的英国人口生活在城市中。工业资产阶级以及工业资本主义发展所需的日益庞大的律师、会计和公务员群体，开始对陈旧、腐败的议会制度感到不满。另外，他们认为自己代表着英国的新的道德准则，反对放荡的贵族和野蛮的工人阶级。改革的压力最终导致1832 年《改革法案》（*Reform Act*）的颁布，使中产阶级有了投票权。同时，工人阶级也发生了变化，他们更加激进、决心为自己的政治和经济权利而斗争。到 19 世纪 30 年代，这种自信引发了宪章运动（Chartist movement），该运动在工业化的威尔士和约克郡地区发展成为公开的暴动。如埃里克·霍布斯鲍姆所说：

在英国历史上，没有哪个时代像 18 世纪 30 年代至 40 年代初那样紧张、在政治和经济上那样混乱。当时工人阶级和中产阶级分别或者联合地提出了一些根本性的变化。

到 19 世纪中期，运动在英国已经失去社会威望，但依然是工业娱乐业的重要部分。社会阶层的分化，削弱了贵族在赛马以外运动中的统治地位。由此产生的控制的真空被威廉·克莱克等小资本主义者暂时填补，威廉·布莱克是一位组织球类和拳击运动的小资产阶级，他们自视为包括音乐厅、廉价恐怖小说和周日小报在内的新大众娱乐产业的一部分。

这一趋势并不长久。运动在拿破仑时期积累的民族和文化意义重大，不能由投机奸商和下等社会把持。受到 1832 年《改革法案》这一胜利的激励，中产阶级的自信提高了，主张在英国文化中获得更多发言权。因此，1863 年成立了英国足球协会（Football Association），1866 年成立了伦敦业余田径俱乐部（London's Amateur Athletic Club）；这与 1856 年成立英国医学协会（British Medical Association）和 1868 年成立皇家特许测量师协会（Royal Institution of Chartered Surveyors）的原因相同。具体来说，英国的私立学校开始推行体育的新的本质和意义。英国中上层社会矛盾地将私立学校称为"公校"。英国以前的贵族认为血统传承大于一切，因此轻视教育。然而现在英国的精英教育开始发生改变，以满足工业化和帝国扩张的需求。随着中上层社会的扩张，对管理、商业和军事教育的需求也增加了。

这种新的教育体系曾在英国内陆腹地的一所学校实施。1828 年，托马斯·阿诺德（Thomas Arnold）开始担任拉格比公学（Rugby School）的校长，他改革了学校的课程和文化，以培养基督教绅士。他说："我们的培养目的，首先是虔诚和道德，其次是绅士的举止，再次是智力。"他认为贵族普遍的懒惰和腐败"毁掉了我们所有人，个体、学校、国家都深受其害"。用一个学生的话说，在阿诺德的管理下，学校成为了：

现代英国社会最强大的元素——中产阶级——的象征……与铁路大王和棉纱大王拥有同样的精神，和他们一同创造了现代的强烈而生动的能量。在文明化的后期，就如同现在一样，贸易得到了极为广泛的关注，最终贸易和一些曾毫不相干的东西联系到了一起——教育和娱乐。

到 19 世纪，所有的公立学校都进行竞争性的运动，比如 1805 年举行了第一次伊顿公学和哈罗公学的板球赛。虽然阿诺德本人对运动不感兴趣，但他的教学理念使得体育顺理成章地成为学校的核心课程。在团队合作、领导力和勇猛（强健派基督教的核心教义）之外，也教授竞争的重要性。英国上流社会的财富来自于经济竞争和帝国扩张，更根本的是基于资本主义社会的本质。工人阶级出现了新的文化——纪律、勤奋和节俭，同样地，英国未来的统治和管理阶层也必须学习支持英国全球控制权的竞争精神。从一定角度来说，这反

映了英国从商业经济到工业经济的资本主义改革——18 世纪
为奖金比赛的虚张声势的拳击手和板球手被强调组织性和自
律的团体运动所代替。

在 1857 年的畅销小说《汤姆求学记》中，托马斯·休斯
以自鸣得意的说教，非常好地阐释了教育理念、运动的热情
和伪善之间的关联。休斯毕业于拉格比公学，和很多校友一
样，他很崇拜阿诺德，并将在校经历改编成小说。这本小说
风靡一时，很快成为公学和文法学校的办学手册。这本书也
使得大家认为，运动不仅是休闲娱乐的方式，也有道德教化
的作用。在拿破仑战争期间，运动和英国民族主义被融合在
一起，而强健派基督教将运动的意义提高到了一个新的高度。
他们认为运动能够塑造性格、锻炼出"有男性气概"的绅士，
并能促进英国国教的美德和大英帝国的意识形态。

在强健派基督教的世界观中，运动内在的意蕴和信息，
使其不只是一种娱乐方式。它被赋予一些超出其他文化追求
的属性和特质，从而超越了别的娱乐方式。当然，运动并不
比唱歌、表演、做爱更令人受鼓舞、愉悦或超然。然而，维
多利亚时代中期的理论家赋予运动以过分的意义，且持续至
此。运动的倡导者所提出的这些观点，也并不是天经地义、
亘古不变的。和铁路投资热潮或狄更斯的小说一样，这些观
点基本上只是时代的产物。

这个道德体系的核心是业余主义，即运动员不获取报酬。
然而在 19 世纪初，"业余爱好者"（amateur）这个词指代的

是运动的贵族赞助人而不是不取报酬的参与者。伊根的《决斗》和《拳击赛》两本书都着重说明了，伦敦的"业余爱好者"是大多数拳击纠纷的仲裁人。事实上，这个词几乎等同于幻想俱乐部。参与运动的贵族并不称为业余爱好者，而是"绅士"，比如板球手和徒步者巴克利上尉。而"绅士"一词指代的是其社会地位，而非是否收取报酬。业余爱好者表示不获取报酬的运动员的这一义项，是19世纪中期才出现的。

　　"业余主义"这个新概念有两重核心意义：一、运动的目的不应该是物质回报；二、运动应遵循"公平竞争"的原则。这些基本上是无争议的常识。各种运动项目的绝大部分赛事，都是无报酬的娱乐活动。参与双方必须一致认可潜在的不成文的场上行为规则，运动才能进行。但是，在"业余主义"的标题下进行重申，说明这些观点可以用作控制和排斥的意识形态，可以包装成运动的道德规范。从更广的层面来说，业余主义反映了英国中产阶级的态度。他们希望同时拥有资本主义的经济竞争和等级森严的社会结果，换言之，他们想要一场保证胜利的比赛。

　　从业余主义的发展中不难看出，业余主义的发源是由于工人阶级在运动中的影响。最初，它只是一种朴素的社会势利：1861年《赛艇年鉴》（*Rowing Almanack*）列出了当时被认为是赛艇运动员的人所毕业的教育机构，并完全排除了"商人、劳工、工匠和技工"，从而定义了业余爱好者。业余田径协会（Amateur Athletic Association）的前身业余田径俱乐部

（Amateur Athletic Club），也在其对业余爱好者的定义中明确排除了"技工、工匠和劳工"。划船和田径都有大量工人阶级参与。他们参与这两项运动是因为在现代装卸技术发明之前，划船对码头工人非常重要，而田径是由于徒步运动的长期流行。当时，徒步主义几乎和专业主义是同义词。

在板球场上，为了抑制 19 世纪六七十年代的职业板球巡回赛，MCC 俱乐部进一步强化了 18 世纪已经建立的严格的阶级区分。在 MCC 俱乐部的赞助下，郡县板球赛的数量增加了，郡县锦标赛的结构开始形成。通过这一举措，能达到相关标准的专业球员可以获得固定的工作，从而抑制了专业球队的发展。专业球员对业余爱好者的从属关系被严格执行着。专业球员单独旅行、使用分开的更衣室、通过特别的门进入场地。他们的姓名称呼方式也不同。业余爱好者的头衔在前、名次之、姓在最后，而专业球员是姓在前、名在后。这个惯例持续到 1862 年。在 20 世纪中期之前，大部分郡县球队拒绝让专业球员担任队长，而英格兰国家队直到 1952 年才第一次由专业球员担任队长。

在 19 世纪 80 年代，足球和橄榄球的参与人数暴涨，社会阶层隔离的问题因而变得非常尖锐。在十多年的时间里，这两种运动就从中产阶级青少年的娱乐活动，发展成为工人阶级广泛参与和观赏的项目。这两项运动的领导者们，都很担心工人阶级会有意地或借助数量优势而无意地攻陷这两项运动夺取控制权。"为什么我们不做挣扎，就把橄榄球交给这些能迅速吞没其他一切的工人球员？"板球和橄榄球双料国际选手弗兰克·米切尔曾这样发问。此外，工人阶级依然将运动作为一种娱乐方式，而不是道德力，运动的赢家应当得到奖金。这样的态度和18世纪的运动是类似的。由于英格兰北部和中部越来越多的俱乐部向领衔球员付薪水，受此冲击，足球协会（Football Association，FA）围绕着球员报酬的问题，发起了一场简短而有力的辩论。1885年，FA决定采用MCC俱乐部的模式，在严格受控的前提下接纳专业球员：专业球员不能参与俱乐部的经营和足球运动的管理。

虽然职业运动员在场下要严格遵守中产阶级领导者的管理，但在球场上情况则不同了。从FA杯比赛1872年创赛开始直到1882年，只有拥有公学毕业生的球队才能打进决赛，比如伊顿老生俱乐部和卡特尔老生俱乐部。1882年，布莱克本流浪者队打破了这一纪录，他们进入了决赛，输给了伊顿老生队。第二年，和他们同地区的布莱克本奥林匹克队打败了伊顿老生队，赢得了冠军。1885年，运动职业化被立法允许，此后中产阶级的俱乐部再也没有打入FA杯决赛。业余爱好者再也无法和专业运动员竞争。虽然中产阶级表示不在乎输赢，但是赢得比赛对他们而言，和对工人阶级一样重要。在运动场上输给社会地位较低者，使得中产阶级更加有力地推动业余主义的观念。

由于担心被工人阶级占据主导，中产阶级强化了橄榄球联合会（Rugby Football Union，RFU）的领导。在19世纪

70 年代，橄榄球受欢迎的程度超过了足球，在英格兰北部的很多地区，橄榄球都是观众最多的运动。大量涌入的工人阶级的运动员和观众，威胁了 RFU 的中产阶级的领导地位。RFU 未来的主席亚瑟·巴德（Arthur Budd）表示，足球的遭遇对中产阶级是一个警示：

> 　　那个混账（职业化）合法化仅仅六个月后，FA 杯决赛的两只球队就都是职业球队了。怎么会这样？为什么？每周踢一次足球当作消遣的绅士，无法胜过那些投入全部时间和能力的人。怎么可能胜过？他们一个接一个地发现自己被大大超越，他们最后会放弃足球，把足球留给了职业球员⋯⋯
>
> 　　面对这种祸害的橄榄球联合会的委员们，决心在这个祸害长大作恶前先除掉它，以免被反而制之。⋯⋯没有慈悲，只有铁石心肠。

有人辩称，RFU 对待职业化的态度，是因为他们的领导者不像 FA 的领导者，他们不是贵族，所以缺乏自信。但事实不是这样。在 19 世纪 80 年代早期，FA 及其下辖俱乐部的领导者有人支持职业化，有人反对，不管是什么社会阶层。事实上，这种态度的偶然性是由于时机不同。FA 大体上采用了唯一适用的职业化模式，那就是板球界由 MCC 俱乐部严格控制专业球员的方式。唯一的别的选项是效仿划船和田径，完全排除工人阶级的运动员，但这会使足球一分为二。板球历史悠久，等级和顺从的传统根基深厚，即使是威廉·克拉克的职业巡回赛都未能打破该传统。足球和橄榄球是新兴运动，发展迅速。这两项运动没有被广泛接受的传统可供领导者依赖。RFU 对于职业化的挑衅态度，是因为大家广泛认为 FA 的方式没能阻止职业化。所以，橄榄球需要一个不同的战略，才能避免和足球一样的宿命。处理方法的不同，实际上反映了运动的中产阶级领导者在如何处理工人阶级运动员这一问题上的摇摆不定。事实上，这可以从 N. L. 杰克逊的身上看出来。他是一位运动记者、科林斯蒂安俱乐部的负责人，所以理所应当地应该是业余足球的代表。虽然他以强烈反对足球和橄榄球职业化而著称，但是在 1885 年 FA 向球员付薪水的动议中，他投了赞成票。

保护其地位的强烈愿望，驱使 FRU 在 1886 年引入严格的业余化规则，这象征着冷战的开始。由于不断地被攻击为"隐藏的职业化"，最后在 1895 年 8 月，英格兰北部的强大的俱乐部不得不退出了 RFU。它们成立了一个新的组织——橄榄球联盟，该组织允许职业化，并改变了运动规则，使其对运动员和观众更具吸引力。在此次分裂之后，RFU 禁止与橄榄球联盟的任何接触，无论对方是职业球员还是业余球员。签署橄榄球联盟的表格、和橄榄球联盟的球员同队和对战、"拥护或采取措施推荐"橄榄球联盟，这些举动都被视为过错，无论相关人士是否收取报酬。所有违规的惩罚都是永远逐出 RFU，无论是球员、会员还是俱乐部。所有球员都要小心谨慎，以免无意间接触联盟的"魔鬼"。在20世纪20年代RFU分发给所有俱乐部的一张告示上说，"不了解规则不是理由"。讽刺的是，1933年，当时的英格兰国际后卫汤姆·布朗，仅仅因为和一个橄榄球联盟的俱乐部的代表见面，就被终身禁赛。有相同遭遇的杰出球员，还有数百位。这样的"运动警察"活动一直延续到1995年，直到橄榄球联合会（RFU）为了得到卫星电视的利润而放弃业余原则。

19世纪末关于运动职业化的辩论，反映了资产阶级对工人阶级不断提高的权利和自信的态度。从19世纪80年代中期开始，英国被日益激烈的阶级斗争严重伤害，因此出现了一波非熟练工人工会和社会主义组织的风潮。RFU对橄榄球发展方向的警告，只是对工人阶级的广泛恐惧的微观表现。事实上，在整个大英帝国期间，对于中产阶级的某些部门而言，业余主义是积极、有吸引力的，比如强调服从权威、领导者有权利允许和禁止某些人参赛等。在更广的范畴上，对于法国贵族皮埃尔·德·顾拜旦（Pierre de Coubertin）和美国记者卡斯帕·惠特尼（Casper Whitney）而言，业余主义提供了一个通用的价值体系，让他们得以基于通用的道德自信联合起西方世界的中产阶级。和在英国一样，业余主义可以作为实施严格的社会阶级隔离的手段，或者在有必要的时候用于管理工人阶级的运动员。在南非，业余主义的社会限制和基于白人至上的种族隔离一脉相承。跳羚橄榄球联盟（Springbok Rugby Union）的管理者丹尼·克雷文抓住了这两者关联的精髓，他将该联盟的态度形容为"最严厉的种族隔离"。

业余主义的控制和纪律结构也推动了英国运动在法国的发展。顾拜旦等亲英派将运动作为民族复兴的方式加以推广，这不仅是因为普法战争的失败，还是因为工人阶级崛起、成立 1871 年巴黎公社所留下的伤疤。这两个事件深刻影响了19 世纪后期法国上流社会的心理。当时，法兰西第三共和国的政治主流是重建民族声望、管理悖逆的工人阶级。英国的业余主义运动对顾拜旦等法国人的吸引力是双重的——顾拜旦不仅基于业余主义原则创立了现代奥林匹克，还是 1892 年第一次法国橄榄球锦标赛决赛的裁判。业余主义一方面给中上流社会提供了民族使命的修辞，另一方面给出了控制和管理工人阶级的结构。业余主义完美地表达了顾拜旦的社会态度，他曾说："不平等不止是法条，而是事实；赞助不止是美德，还是义务。"英国业余主义思想的能量，可以在法国橄榄球联合会中看到。在最初的亲英派法国支持者和英国侨民社区的影响力过去很久之后，该联合会依然保持着业余主义的外在表达和结构，虽然内在已经更改。"二战"期间，贝当元帅的维希政权和纳粹合作管理南部和东部的非占领区，此时业余主义在法国达到了顶点。维希政权宣布支持业余运动，并镇压被认定为职业化的运动。因此，法国的橄榄球联盟赛事被禁止，其资产被没收。

业余主义在美国也很强劲，这一方面是因为英美之间紧

密的文化联系。亨利·卡伯特·洛奇（Henry Cabot Lodge）
在 1896 年说："运动场上受的伤，是说英语的民族为占领世
界而付出的代价。"1857 年《汤姆求学记》在美国出版，其
风靡程度可以和在英国媲美。泰迪·罗斯福，其无穷无尽的
体力象征着美国帝国主义的野心。他曾说，《汤姆求学记》是
每个人必读的两本书之一。第一本橄榄球编年史的作者帕
克·H. 戴维斯（Parke H. Davis）曾经写道："橄榄球球场上、
边线上、看台上的人，谁不觉得自己是拉格比公学的荣光的
继承者？"因此，强健派基督教在大西洋彼岸找到了肥沃的
土壤，其发展的最好例证就是基督教青年会（Young Men's
Christian Association），虽然后者带着浓郁的美国腔调。阿莫
斯·阿隆佐·斯塔格（Amos Alonzo Stagg）是橄榄球形成期
最重要的人物之一，他毕业于神学院，是芝加哥大学的传奇
教练，他代表了基督教思想和橄榄球运动的紧密联系。美国
也采用了英国维多利亚时代中期的体育教育模式，将教育作
为体育结构的核心，常春藤大学也根据牛津大学和剑桥大学
来进行建设。今日美国的大学和高中体育，依然是英国 19 世
纪大学和公学体育的夸张反映。

　　和在英国一样，业余主义的动力是中产阶级对失去运动
控制权的担忧。在棒球运动中，19 世纪 60 年代后期辛辛那
提红袜队（Cincinnati Red Stockings）等职业球队开始占据优
势。此后出现了纯业余主义的呼声，其中最重要的是纽约的
那些精英俱乐部，它们希望压制那些更成功的职业队。加拿

大的长曲棍球运动也是一样的情况。在工人阶级的蒙特利尔沙洛克队取得成功后，该项运动的领导者宣布该运动完全业余化。虽然美国例外论奉行精英治国，但是对美国的 WASP（白人、盎格鲁－撒克逊人种、新教徒）统治阶层而言，严格的阶层与种族隔离也是根本性的。这一点在大学运动中尤为明显。卡斯帕·惠特尼是美国 19 世纪末著名的运动记者、沃尔特·坎普的密友。他曾经清晰地说明自己为什么欢迎英国的业余主义：

> 为什么经常有人呼吁，要在体育场上让两个完全不同、在别的场合无交集的社会要素公平竞争？这不可理解，而且这是体育界所有灾难的唯一原因。慈悲让给予者和获得者都得到祝福，而这种体育的博爱却使双方都困窘难堪。

虽然业余主义有很多忠实的信徒——毕竟，业余主义好像能够避免体育竞争的最恶劣局面——但归根结底，它只是为社会排斥正名。贵族和社会名门无论是否从运动中获利，天然的就是业余爱好者。在板球运动中，最臭名昭著的例子是 W. G. 格雷斯。作为业余球员，他从运动中的得利远远高于维多利亚时代晚期的任何职业选手。橄榄球联合会疯狂反对橄榄球联盟，却对威尔士和南非球员的"球鞋赞助费"视若无睹。在法国，除了维希政权及其宣传者外，几乎没有人遵守业余主义的精神或形式。大部分法国运动员认为"业余主义的白旗镶着银边"。

在所有地方，业余主义最后都被拒绝，或者僵化成为形式化的嘲讽。全球唯一的例外是在爱尔兰。盖尔运动协会（ *Gaelic Athletic Association* ，GAA ）本质上是农村性质的。20 世纪大部分的时间里，爱尔兰都很贫穷，而且爱尔兰曲棍球和盖尔足球没有对手。所以 GAA 及其运动员都认为不需要物质报酬。虽然 GAA 由于经济原因而实施业余主义，但该组织并不像其他国家的业余主义组织那样，惩罚或排斥职业化。

精英中的业余主义，唯独在美国坚持到了 21 世纪。矛盾的是，美国也是全球体育商业化程度最高的国家。在 19 世纪，基于英国的中产阶级业余主义，体育在美国大学中出现。在美国，橄榄球发源于东北部的常春藤高校，之后迅速蔓延。到 1900 年，橄榄球成为了美国冬季观众最多的运动。然而，虽然吸引了大量的观众，橄榄球依然坚持业余化。原因有二。首先，打橄榄球的学生都是中上流社会人士。和英国牛津大学、剑桥大学的运动员一样，他们不想成为职业球员，也不被视为职业球员。其次，大学橄榄球赛的观众，给大学带来了极为可观的收入。比如，1904 年，哈佛大学通过橄榄球盈利 5 万美元，而艺术、科学等学科总计亏损 3 万美元。1909—1910 年，哈佛大学通过橄榄球赛总计收入 78 583 美元，耶鲁大学收入 72 960.46 美元。对于哈佛、耶鲁等众多院校而言，橄榄球是一个现金流水龙头。它们不想关掉水龙头，也不想和运动员分享这意外之财。保护利润和维护社会地位，二者完美地结合起来。

当大学橄榄球和后来的篮球进一步流行后，利润渐渐地比社会地位更重要。和其他商业化运动一样，为了获得胜利，大学必须摈弃社会背景的考虑，录取最好的运动员——在20世纪60年代之前，是最好的白人运动员。业余主义有了新的使命，不仅可以免掉吸引观众的年轻运动员的薪水，还是管理运动员的道德权威。

和别处的业余主义一样，大学里的业余主义也是伪善的。一方面，高中生运动员被私下或公开引诱加入某所大学；另一方面，大学的教育义务也往往被忽视。尤其是黑人运动员，他们在球场上饱受赞美，在课堂上却被蔑视。业余主义让大学体育项目得以公然拒绝其对学生运动员的义务。业余运动员不像职业运动员那样享有就业权，所以当他们在赛场上受伤时，大学没有赔付的法律责任。美国大学运动的业余主义，不仅带有英国模式的虚伪，还提供了道德和法律依据，使这个全球最赚钱的娱乐行业不必向运动员支付任何酬劳。在这种经济动力下，美国大学的业余主义甚至比英国的更难以被放弃。

第五章
女人和男性运动王国

通过宣称女人的天职是母亲、妻子和主妇，所以意志力和体力都弱于男性，从而剥夺了女性的权利。所有的法律和制度都认为，女人低于男人，是男人的仆人。

列奥·弗兰克尔，1871 年

19 世纪 90 年代，正值橄榄球的业余主义斗争的高峰。橄榄球联合会的一个调查委员会收到一份证据，证明一名约克郡的明星球员收受俱乐部的钱，公然违背了橄榄球业余主义的规定。这份证据可以很好地证明 RFU 的理念，即金钱使运动腐坏。然而证人不被允许作证。原因很简单：证人是女性。调查委员会主席弗兰克·马绍尔牧师（Reverend Frank Marshall）表示："我们不与女性来往。"

这个例子说明了，维多利亚时代业余主义体育的基础是考虑男性气概以及男性气概对资本主义社会的重要性。作为一种意识形态，业余主义试图给出一套完整的运动哲学。除了拒绝付款和公平竞争，业余主义还给出了一个完全符合强健派基督教教义的男性的定义。绅士业余运动员，这个词的前后部分是同义词。绅士业余运动员勇敢、意志坚定、随时准备好发出和接受指令，最重要的是，他们是男性。真正的运动只能是男性的王国。

和业余主义不允许通过运动盈利一样，19 世纪的关于运动的男性属性，与 18 世纪的现实是相反的。虽然女性一直被视为低于男性，但女性一直活跃地参与运动，直到 19 世纪初。农村的集市上会定期举行女性的罩衫赛跑，而这个命名是因为赛跑的奖品是一件罩衫或连衣裙。在东南部腹地，女性板球赛也很流行。1768 年的夏天，在东萨西克斯郡，哈廷女队和罗盖特女队对战三场。1811 年，汉普郡女队对战萨里女队，当地的贵族押注了 500 基尼。早在 1726 年，两个女足球队在巴斯的草地球场上举行了六人制的足球赛。18 世纪末射箭复兴时，很多上流社会的女性都积极参与射箭。一直到 1829 年，女性都在参与斯坦福德年度的公牛跑活动。

以维多利亚时代的道德观看待运动的人，可能会很惊讶，因为女性也参加搏斗运动。1723 年，《伦敦日报》（*London Journal*）报道，女性拳击赛每周举行。勇猛的玛丽·安·塔尔博特（Mary Anne Talbot）曾经假扮男水手，并在 18 世纪 90 年代在英国和法国的海军里服役。她和男拳手对战，并获胜。艾德里安·哈维（Adrian Harvey）发现，在拿破仑战争期间，至少举办了十八场女性拳击赛。这些女性拳击赛都是伦敦的商业娱乐活动，但不仅是为了新奇。很明显，女拳手是严肃认真的参赛者。在英格兰东北部，男女性摔跤都非常流行，以至于当地在 1793 年修改了规则，明确禁止女性比赛。《运动杂志》的一位记者曾说："让女性入场比赛，会伤害这项运动。"

当时，这样的说法越来越普遍。反对女性参与运动的活动，是当时向工人阶级施加新道德攻势的一部分。和反对工人阶级"放荡"和动物运动一样，福音派基督徒站在反对女性参与运动的前列。罩衫赛跑引起了他们的愤怒，因为女性赛跑时衣着单薄甚至袒露上半身。1810 年，一位活动者将一位赛事组织者告上法庭："只要还有道德，男人就不会推荐家里的女性去参加这样的娱乐活动。"更加根本的是，改革者认为流行的娱乐活动会引起性乱，尤其是女性的性乱。在集市、节日和运动活动上，年轻或不年轻的人相会、性交。福音派基督徒反对女性参与运动的依据是，基督教认为女性是"弱势性别"。这种弱势指的不是女性的体力，而是人格：女性在道德上低劣、易变，因此需要被控制。

这种想法和工业资本主义下家庭的变迁一脉相承。在以自给自足的小农和工匠为主的农村经济里，家庭是直接经济生产的单位，每个家庭成员都在农业或机械工作中占有一席之地。虽然当时是家长制的背景，但工作的性质使得男女都有大量的休闲时间。然而农业经济的竞争加剧，因此工人阶级需要习得新的爱好和习惯。在工人及其家庭搬入工业化城市的同时，旧的工作和娱乐方法也必须放弃。作为资本主义工厂体系的补充，家人需要从事必要但没有酬劳的工作，而这份工作就落到了工人阶级女性的肩上。女性以前的休闲时间，被用来为家庭提供生活服务，比如做饭、打扫、育儿。支持这一体系的意识形态，是施加在所有阶层女性身上的巨大的道德压力，要求她们自我牺牲、保持谦逊，以妻子和母亲的责任为重。运动带给女性的身体上的愉悦和独立感，被视为是对社会秩序的威胁。

对工人阶级的男性而言，英国的工业化改革带来了残酷

的工作时间纪律，改变了男性的意义。1844 年，恩格尔在
《英格兰工人阶级的状况》(*The Condition of the Working Class in
England*) 中指出，竞争：

> 最完整地反映了支配现代文明社会的所有人对所有人
> 的战争。这场战争，是为了生活、为了生存、为了所有一切，
> 甚至有时是为了生与死。这场战场不仅发生在不同的社会
> 阶层之间，也发生在同阶层的个体之间。……工人持续地
> 内部竞争，资本主义者也持续地内部竞争。

工人每天工作十小时、十二小时甚至十四小时，他们必
须强壮、不惧疼痛、服从指令、像机器里的齿轮一样工作（委
婉的说法是"团队合作"）。这正是 19 世纪中期新兴的体育运
动所推崇的品质。将男性设计为"养家糊口的人"、减少"赚
零花钱"的女性工人的人数。男性之间争夺工作的需求，使
男人必须有攻击性和"硬度"。如果男性工人表现出所谓的"女
性化"品质，如软弱、情绪敏感、缺乏意志力，则有可能被
降薪、解雇，造成他和家庭的贫困。工人阶级在生活和运动
中变成"坚强的男人"，是工业资本主义早期的残忍的需求。
在新的男性社会里，女性气质是大敌。虽然对女性的敌意并
不是新鲜事，但 19 世纪英语国家的中产阶级对女性气质的恐
惧日益增加。"男性危机"是政治和社会关切的常见形式，在
军事和帝国危机时尤甚。1900 年，泰迪·罗斯福曾写道："如
果一个国家在温柔舒适的生活中衰弱，或者失去了坚强和男

性气概，那么就在世界上没有了立足之地。"

从 18 世纪中期起，对阴柔气质的批判就成了军国主义者的常谈，但在法国大革命期间，这更是成为了英国政治的核心。1805 年，威廉·科贝特（William Cobbett）将与拿破仑的战事与取缔拳击的后果联系在了一起：

> 贸易、富裕、奢侈、女性化、懦弱、奴化，这是一个国家堕落的过程，我们现在处在第四个阶段……女性化的症状里，最确定的就是将田径和艰苦的运动改作体力消耗少的运动，让参与运动的人少经受身体上的痛苦。一旦这种变化发生，民族的懦弱也就不远了。

英国人通过对照法国来定义男性气概，将法国人作为阴柔的具象表现。1861 年，拉格比公学的《新拉格比人》（*New Rugbeian*）杂志的一位记者，回应了对橄榄球暴力的质疑："什么！跟英国的男孩说危险！跟滑铁卢和特拉法加的后代说危险？"橄榄球评论家希望将其描写为"香榭丽舍大街上的小冲突"，而不是"滑铁卢战场上勇猛的白刃冲锋"。更著名的例子是，1863 年在筹办足球协会的一场会议上，布莱克希思橄榄球俱乐部的坎贝尔（F. M. Campell）表示，禁止绊脚会"使这项运动完全失去勇气和胆量，届时我一定要带很多法国人过来，他们练习一周就能打败你们"。同样地，1872 年在韦克菲尔德三一足球俱乐部创立的第一次会议上，一位创始人说，"一个英国人抵得上五个法国人。"

公立和文法学校基于公开的反阴柔气质的男性化原则，来培养大英帝国未来国内外领导者。业余主义本身的定义就包含男性气概、军国主义和爱国。1896 年罗宾逊（B. F. Robinson）曾表示，运动对英国军事的支配地位极为重要，并且是欧洲国家常见的替代兵役的手法。爱丁堡劳来特公学（Loretto school）的校长阿尔蒙德（H. H. Almond）表示，橄榄球这一类的业余运动，目的是培养"拥有积极的习惯、敏锐的社交、男子的情怀和旺盛的精神的勇敢男人"，他们随时准备好为了保卫帝国而战斗。阴柔的指控不仅针对法国。英国人把很多殖民地的国民界定为无可救药的女性化，比如印度教徒。到 19 世纪中期，对阴柔之气的根源上的担忧，延伸到了青少年的性意识上，尤其是公校学生。强健派基督教的箴言"Mens sana in corpore sana"——健康的精神寓于健康的体魄——所指的不是在健康的体魄中发展智力，而是发展道德纯洁、不受青少年性诱惑的精神。

作为一本宣传类书籍，《汤姆求学记》有力地反映了这一观点。书中强调说，和同学们"适应"不好的新生，有时候会被"称呼茉莉、珍妮等侮辱性的女性名字"。在书的第二部分，"一个可怜的、双手雪白、卷发的漂亮小男孩"接近汤姆和伊斯特。这样的小男孩们"被一群大男孩娇惯宠爱着，大男孩们为他们写诗、教他们喝酒说脏话，竭尽全力宠坏他们"。汤姆和伊斯特无端端地绊倒他、踢了他。休斯在脚注中说明："很多男孩知道为什么书里会有这样一段"，暗示对同性恋的男孩施以暴力是正当合理的。

这本书出版时，社会正处在对公校学生自慰和同性恋的道德恐慌之中。1854 年，《柳叶刀》（ *The Lancet* ）杂志登载了约翰·劳斯·米尔顿（John Laws Milton）关于"遗精"的系列文章。米尔顿推荐，用特殊的钉环来解决男孩们的性欲问题。这是第一个系列，接下来的四年中，他就同一主题又发表了两个系列文章。在《汤姆求学记》出版的 1857 年，威廉·阿克顿（William Acton）出版了《生殖器官的功能与失调》（ *The Functions and Disorders of the Reproductive Organs* ）。阿克顿建议增加运动量以防止自慰，如果失败，就在晚上将男孩的手绑起来。第二年，弗雷德里克·W. 法勒（Frederick W. Farrar）出版了校园小说《埃里克：渐渐成长》（ *Eric, or, Little by Little* ）。该小说的明确目的就是向男孩们推广"内在的纯洁和道德"。这项活动在 19 世纪一直持续着，力度时紧时松。驱动该活动的社会问题，同样也驱动体育成为学校的核心课程。

业余主义试图识别出运动界领袖认为不合乎社会需求的行为，并最终排斥这些行为。 现代运动不仅区分业余和职业化，也严格区分男性和女性、阳刚和阴柔、性行为的正常和失范。当时运动界领袖人物的行为，更是突出了运动和反对性行为失范之间的关系。金奈德勋爵担任英国足球协会主席达 33 年之久，他坚定地支持纯洁文学协会（Pure Literature Society）、压制罪恶中区警戒协会（Central Vigilance Society for the Suppression of Immorality）和全国警戒协会（National

Vigilance Society）（该协会是 1889 年囚禁出版左拉和福楼拜的"淫秽"作品的英国出版商的幕后推手）。1895 年，针对奥斯卡·王尔德的案件，金奈德呼吁"进一步的镇压手段"。爱德华·利特尔顿（Edward Lyttleton）是剑桥大学板球队队长、米德尔赛克斯的一流击球手。他出版了小册子和信件，宣传自慰的所谓道德、精神和医学危害。昆斯伯里侯爵是业余田径协会的创始人之一、赛马马主，现代拳击的法律以他的名字命名。1895 年，他因为将王尔德称为"鸡奸者"而被王尔德起诉。

因此，运动不只是男人的休闲方式，它的定义就是阳刚的。运动被用来确认男人是否是异性恋的真男人。运动是男孩长成男人的社会过程的中心一环。运动将男孩与女孩及阴柔区分开来。和业余主义一样，运动让其领袖和规则制定者有权决定哪个性别可以参与运动。在 20 世纪 60 年代出现"性别检查"技术之前，这种怪异的权利无法被充分行使。在 19 世纪末期，中产阶级女性开始参与运动，她们遭遇了男性规则制定者的病态的反对。女性的身体不适合体育。紧张发力会伤害女性的生殖器官。运动服装不道德。男女混合的运动会导致性诱惑。骑自行车会让女性无法怀孕。竞争性运动会让女性变得男性化。皮埃尔·德·顾拜旦宣称：女人"首先是男人的伴侣、一个家庭未来的母亲，女人应该牢记这个宿命"。

虽然女人受到了系统结构上的限制，但在 19 世纪末，女性体育运动有了显著的发展。当时，欧洲和英语国家中产阶级妇女扩大了社会、政治和经济权利，体育是其中的一部分。英国在 1878 年通过了离婚法，1872 年到 1893 年国会通过了三项已婚妇女财产条例（Married Women's Property Acts），使已婚妇女有权控制自己的财务和财产。通过第三项条例的第二年，女性业主获准在地方选举中投票。法国的 1804 年《拿破仑法典》将女性定义为二等公民，该法典也被缓慢地改良了。1884 年法国开始允许离婚。两年后，女性不必得到丈夫的许可，即可开立银行账户。1893 年，单身和离异女性得到了完整的法律权利。20 世纪初，英国和美国都发生了大量的女性选举权运动。同时在法国，受到社会主义和工人运动的影响，女性也在争取女权。

这期间少女和女青年的教育机构的发展，打开了女性参与运动的大门。在 1869 年《捐资学校法案》（Endowed Schools Act）通过后的二十年中，英国开办了大量的女子义法学校。基于男子公校的教育理念，很多的女子学校也推广体育项目，比如曲棍球和长曲棍球，尤其是佩尔·亨里克·林格开发的瑞典体育系统。

在美国，瓦萨学院（Vassar，1861 年创办）和卫斯理学院（Wellesley，1874 年创办）等女子学院也在课程中加入了运动和比赛。女性体育发展的主要动力是，欧洲和北美担心参与"瓜分非洲"、征服太平洋国家的帝国主义国家中的"男性危机"。这种担忧主要表现为担心男性的阴柔气质。亨利·詹姆斯（Henry James）的《波士顿人》（The Bostonians，1886 年出

版）中的一个人物贝泽尔·兰塞姆（Basil Ransom）通过抨击
"该死的女性化"现象而道出了这些担忧。他说"整个一代人
都很女性化，阳刚之气不见了。这是一个阴柔的、神经质的、
歇斯底里的、喋喋不休的、伪善的时代"。然而，男性"全民
健身"的推论，使大家开始重视母亲、重视将孕育培养未来
保卫国家的一代人的女性的健康。

英国女性体育教育运动的领导人是玛蒂娜·贝里曼－奥
斯特贝里（Martina Bergman-Österberg）。她毕业于斯德哥尔
摩的皇家体育学院（Royal Gymnastic Institute），1881 年移
居英国，并成为伦敦女子学校和幼儿园体育教学的负责人。
1876 年，伦敦学校董事会（London School Board）将体育设
立为必修课。贝里曼－奥斯特贝里可能是女性体育教育史上
最重要的人物，她将瑞典的体育推广到了伦敦的学校。之后，
她基于皇家体育学院的模式，在汉普斯特德创立了自己的私
立女子体育学院（Physical Training College）。该学院最后迁
往了达特福德，但是搬迁之时，她已经训练了一代女子体育
教师，并有了相当数量的崇拜者。基于这种个人魅力，她在
1900 年成立了以自己名字命名的教师协会——贝里曼－奥斯
特贝里协会。不久之后，法国发生了类似的运动，并在 1912
年建立了法国女子体育联盟（Union Française de Gymnastique
Féminine）。

和男子运动一样，中产阶级社交也在成年女子运动的发
展中起到了重要的作用。羽毛球、槌球等游戏——尤其是高

尔夫和网球——在郊区中产阶级的社交和娱乐中越来越流行，无论男女。这些运动流行的一大原因，是因为它们是单人运动而非团队运动，所以人们可以自己选择队友和对手。而在团队参与的比赛中，就有不同社会阶层混杂的风险——这也是联赛几乎都是团队型运动的原因。网球、乒乓球和羽毛球是作为社交性娱乐，在 19 世纪中期英国中上流社会的家里和花园里发展起来。同时，俱乐部的收费和会员制也能够很好地避免社会阶层混杂。在英国郊区和美国乡村，俱乐部还能半公开地执行反犹太主义和种族主义。

第一个网球俱乐部于 1872 年成立于皇家利明顿温泉镇，到 1900 年，草地网球协会（Lawn Tennis Association）已经有了大约 300 家俱乐部成员。高尔夫俱乐部的流行程度甚至有过之。大部分的高尔夫俱乐部不接受女性作为全权会员，部分俱乐部甚至完全不接受女性会员。俱乐部如此迅猛的发展，为高端女子运动的发展提供了基础。1893 年，女子高尔夫联盟（Ladies' Golf Union）成立。同年，玛格丽特·斯科特夫人（Lady Margaret Scott）赢得了第一届英国女子业余竞标赛（Ladies' British Amateur Championship），她的头衔说明了这位优秀的高尔夫球手的社会地位。两年后，查尔斯·S. 布朗太太（Mrs. Charles S. Brown）赢得了第一届美国女子高尔夫业余锦标赛。她被称为露西·巴恩斯·布朗（Lucy Barnes Brown），冠夫姓说明运动上的勇猛不代表女性的解放。1884 年，温布尔顿网球竞标赛加入了女子网球。1887 年，美国公开赛加入女子项目。十年后，巴黎的法国锦标赛也加入了女子项目。

在这个发展成型的时代，最杰出的冠军是洛蒂·多德。她在 1887 年十五岁时，第一次赢得温布尔顿锦标赛，之后在另外四场联赛中获得冠军。多德是 19 世纪末中产阶级女运动员的代表。她是棉业巨头之女，家产十分丰厚，所以她和兄弟姐妹都不需要工作。多德赢得了 1904 年女士高尔夫冠军，代表英格兰参加国际曲棍球赛，并在 1908 年奥运会上获得射箭银牌。虽然多德的成就是得益于 19 世纪末女性的社会和运动进步，但是她本人并不是女性的先驱，而只是因为有闲暇的富贵男女获得了更多的运动机会，才出现的例外。

贝里曼 - 奥斯特贝里及其他改革者的创新，所针对的是中产阶级的妇女，而很少涉及工人阶层。有些改革者完全不愿意接触工人阶级的妇女。比如，全英女子曲棍球协会（All England Women's Hockey Association）是 1895 年由牛津大学和剑桥大学女毕业生创立的，而她们的阶级歧视完全不亚于男性。在一个 1907 年讲述的故事中，一位本地商人的女儿被俱乐部拒绝了，因为俱乐部会员不愿意和"做生意"的人的女儿一起运动。三年后，《曲棍球场》（Hockey Field）杂志发表文章，表示工人阶级的女孩应该玩圆场棒球，而不是侵入曲棍球场。为了禁止女性参与运动，男性曾使用虚假的医学论据。这篇文章说明了，试图把工人阶级从运动中排挤出去的女人，所使用的手段也并不高尚：

> 她们经常长时间从事重体力劳动，曲棍球对她们而言不会太暴力、太大压力吗？……对那些每天如此劳作的女孩儿而言……暴力运动并不必要，而且可能让她们"超出疲劳的极限"？

但是，这并没有阻止工人阶级的女性组织自己的曲棍球俱乐部。1914 年前，在英格兰北部的工业城镇，建立了很多本地的联盟。北部工业城镇尤其是兰开夏郡的棉业城镇成为工人阶级女性运动的中心，而运动设施一般由家长式的雇主提供。兰开夏郡的棉业工厂，往往能雇佣几千名女工。1916年起，工厂女工开始组织曲棍球队、板球队和足球队。1921 年，英国足球协会禁止女性使用协会的球场，女子足球几乎遭受致命打击。似乎是为了强调运动和工人阶级妇女的条件关系，很多工厂待女性结婚就立即解雇她们，因此她们也就不再参与有组织的运动。

虽然贝里曼－奥斯特贝里曾经在伦敦的工人阶级学校推行体育，但是她后来认为由于健康状况和社会条件，这些学生难以有进步。在她转移工作范围后，伦敦的学校继续教授瑞典体育。之后，她拒绝帮助穷人，提高她的学院的学费，使得只有富裕的学生才能入学。她的根本想法是非常保守的："我希望培养这些女学生，让她们再去帮助别的女性，这样才能加速民族的整体进步。除非女性强壮、健康、纯洁、真诚，否则民族如何进步？"对于主张男性阳刚的思想家，她表示体育是"培养母亲的最好办法",还是"培养有男性气概的男人和有女性气质的女人的关键因素"。

贝里曼－奥斯特贝里接受了社会对两性的区分,并颂扬妻子和母亲的角色。如果不考虑隐含着的改良人种的优生学观点,她的想法是健康的身体意味着健康的母亲。在女性体育上,她和顾拜旦等对手的唯一区别是如何达到这个目的。只有最严重的厌女者才会不同意她的观点。即使是梵蒂冈的喉舌《罗马观察报》(*l'Osservatore Romano*)也表示同意,1934年该报表示:"有人说运动会损害母亲的职能,这一想法非常可笑。"有人辩称,不应用意识形态的标准来判断女性体育教育的拓荒者,然而她们本人非常希望强调自己在意识形态方面的成就。贝里曼－奥斯特贝里曾表示,体育能够"同时培养人的体魄、思想和道德"。体育改革的内在原则,并没有从根本上挑战女性次于男性的意识形态。

因为这些保守的态度,贝里曼－奥斯特贝里及其追随者与当时的其他女权支持者意见相左。比如,英国的爱琳娜·马克思(Eleanor Marx)和多拉·蒙蒂菲奥里(Dora Montefiore)和更有影响力的德国的克拉拉·蔡特金(Clara Zetkin)和罗莎·卢森堡(Rosa Luxemburg)等女性社会主义运动家,曾经质疑婚姻、家庭和资本主义制度压迫女性的基础。列奥·弗兰克尔(Leo Frankel)是马克思在第一国际(First International)的合作者、巴黎公社的领导人。他在1871年表示:

> 通过宣称女人的天职是母亲、妻子和主妇，所以意志力和体力都弱于男性，从而剥夺了女性的权利。所有的法律和制度都认为，女人低于男人，是男人的仆人。

此外，19 世纪 90 年代出现的"新女性"现象，以女性体育活动所避免的方式，直接挑战了社会对女性生活的限制。大量的小说和戏剧都挑战了女性的天职就是妻子和母亲的观点。其中最著名的是易卜生的《玩偶之家》，该戏剧的名称反映了易卜生对女性的婚姻的看法，戏剧以女主角娜拉·海尔茂离开丈夫和孩子结束。英国作家斯坦利·霍顿在 1910 年写的戏剧《辛德尔醒来》中描写了一位年轻的工人阶级女性，她与一位工厂厂主的儿子通奸，最后结束了感情。这个故事完全颠覆了传统的"主仆"性关系。很多认同新女性观点的人，也参与运动和体育活动。然而，女性运动和体育文化的领导者，依然认同保守的性别概念。

新女性的最明显标志是 19 世纪 90 年代的自行车狂热。在 19 世纪 80 年代，自行车的技术提高了，后轮链条驱动、邓禄普充气轮胎等技术使自行车更容易生产和使用。自行车在美国和法国风靡起来，并迅速扩散到英国。数十万人成为自行车爱好者。到 1896 年，英国杂志《自行车》（*Cycling*）的发行量达到了每周 41 000 份，而这只是专门报道自行车运动的大量杂志之一。三年后，自行车旅行俱乐部（Cyclists' Touring Club）的会员达到了 6 万名。因为自行车相对廉价，因此在下层中产阶级和上层工人阶级中尤为流行。对于买得起自行车的女性而言，自行车改变了她们的生活，自行车提供了锻炼的机会、让她们能够独自旅行，并获得了前所未有的独立感。这就是"新女性狂流"。

当然，自行车行动也遇到了女权反对者的强烈反对。女性自行车手穿着裤子（最著名的是灯笼裤"bloomers"，以推广灯笼裤的美国女性主义者阿梅利亚·布卢姆"Amelia Bloomer"命名）而不是裙子，这在他们看来有碍于女性的端庄。女性独自骑行或者男女一起骑车，也被认为有碍道德。因此，陪护自行车手联盟（Chaperone Cyclists' Association）成立了，该联盟的会员收取每小时 3 先令 6 便士的费用，陪同女性车手，以避免发生不当行为、维持两性的合宜。骑行本身也被视为是对女性健康的威胁。法国医生们进行了辩论，讨论女性骑手是否会在骑自行车时无意中实施自慰。一位医生表示，这可不会是无意的，因此女性骑车的目的可能就是为了不正当的愉悦。虽然可能造成意外的性高潮，或者是为了意外的性高潮，自行车在法国女性中风靡起来，就像在英美一样。在 19 世纪 90 年代中期，巴黎出现了职业女性自行车手，1908 年一位女性车手完成了环法自行车赛（Tour de France）。然而这种流行不足以阻止法国自行车联盟（Union Vélocipédique de France），该组织在 1912 年禁止女性参赛。

在接下来的数十年中，女性运动员都很熟悉这样的场景。她们练习和比赛的环境，就是禁令、限制和道德约束。运动的男性化并没有消失。女性在运动上的胜利和 20 世纪末的形式平等的手段，都没能从根本上动摇 19 世纪中期树立的运动男性化的意识形态。**在资本主义工作和生活无休止的竞争之下，运动依然是青年男性展示男性气概的最重要的方式，而女运动员却不断被要求证明自己的女性气质。**

第六章
维多利亚时代的体育产业革命

在运动场买票观赛时，观众准确地知道会发生什么；当他们坐下来后，一切准确地按照预期发生：受过高度训练的人士以最适合的方式和最大的责任感发挥自己的特长，并且让人觉得他们是在消遣娱乐。

贝托尔特·布莱希特，1926 年

1876 年，英国足协锦标赛决赛在漫游者队和伊顿旧生队之间打响，肯宁顿椭圆球场里聚集了 3 500 名观众。到 1901 年，打入决赛的是托特纳姆热刺队（Tottenham Hotspur）和谢菲尔德联队（Sheffield United），114 815 名观众在水晶宫体育场观战。1901 年的观众增加了几个数量级，他们乘坐专为该赛事组织的公交车、电车和火车来到现场。赛后回到家，他们立即可以阅读到几十篇新闻报道，重温赛事。甚至连《泰晤士报》都放弃了对职业运动的蔑视，用一整个版面报道了该赛事。1876 年，《泰晤士报》完全没有提及该次决赛。

运动观众人数呈指数上升的现象，也发生在大西洋的彼岸。在 1875 年的纽黑文市，第一届哈佛对耶鲁的橄榄球赛只有区区 2 000 名观众。1907 年，据媒体报道，观众人数达到了 4 万名。同年，35 000 名观众在芝加哥观看了耶鲁打败普林斯顿的比赛，18 000 名观众在安阿伯市观看了宾夕法尼亚大学第一次主场输给密歇根大学狼獾队的比赛。大学橄榄球运动名义上是业余的，而棒球却是公开职业化、商业化的。在 1875 年，棒球运动还只有一个组织不善的半职业联盟，此时却已有了两个大型职业联盟，下辖美国各地的区域联盟。1905 年,在第一次七战四胜制世界职业棒球大赛(World Series)中,约翰·麦格劳(John McGraw)带领的纽约巨人队(New York Giants)打败了康尼·马克(Connie Mack)带领的费城运动家队(Philadelphia Athletics),观战人数达到91 723 人。

转到世界的另一个半球。在被称为"新不列颠"的澳大利亚,一个微缩的橄榄球世界在墨尔本诞生了。墨尔本于1835 年建市,此后不到 25 年,该市已经开始根据拉格比公学的橄榄球制订自己的橄榄球规则,在 19 世纪 70 年代吸引数千观众观赛。到 20 纪世头十年,澳式橄榄球已经成为风靡墨尔本、维多利亚州、澳大利亚南部和西部的巨大商业力量。1908 年,50 261 名观众观看了来自墨尔本郊区的卡尔顿队和艾森顿队争夺维多利亚州足球联盟的总决赛,这几乎是墨尔本全部人口的 10%。

在 19 世纪的最后三十年,英语国家体育的巨变几乎如工业革命一般。从消遣娱乐,发展到专业运动员和创办人的边缘性商业活动,再成为极为流行、观众人数众多、经济规模达数百万的娱乐行业。橄榄球、棒球和板球已不再是一个阶级或一个区域的兴趣,而是整个国家和所有人口的兴趣。

在法国,运动的性质也发生了类似的巨变。在 19 世纪60 年代,法国成为世界领先的自行车制造国。1869 年,法国只有巴黎到鲁昂的公路赛,之后自行车运动发展成为法国体育文化的主宰,1903 年开始的环法自行车赛象征了这种优

势地位的确立。和橄榄球与棒球一样，自行车赛吸引着数以
十万计的观众，相关媒体报道有数百万的读者。对赛事创办
人和支持者而言，自行车不仅仅象征着法国生活的变化，而
是积极的参与者。

1914 年，"运动狂热"在法国和所有英语国家兴起。这
次体育运动革命涉及数百万观众、数千名专业运动员和大量
的运动记者，还带动了赛事创办人、运动产品制造商和零售
商的整个行业的兴起。商业体育经济的大规模扩张，也带来
了活跃的追捧者、体育评论人和倡导者的文化。甚至，"运动"
一词的意义也改变了。在 19 世纪 70 年代之前，"运动"（sport）
指的是打猎、射击、钓鱼等野外活动。到了 1900 年，运动开
始涵盖所有的竞争性休闲活动，包括各种足球、橄榄球、球
棒类球运动、田径等。和练习一样，"运动"一词也被彻底改
变了。

19 世纪后期，足球、橄榄球、棒球和职业自行车迅速成
为休闲行业的一分子，和音乐厅、海滨度假地以及迅速兴起
的大众传媒一样。这是因为英国、美国、法国等发达资本主
义国家发生了根本性的社会和经济变革。在 18 世纪至 19 世
纪初，商业体育仅限于伦敦及其东南周边区域。英国其他区
域的人口和财力都不足以支持商业体育，只能有偶然的或礼
节性的娱乐性运动，遑论世界其他区域。然而，到了 19 世纪
80 年代，上述这几个国家都成为了民族统一的工业化资本主
义社会，有大量的城市工人阶级，为体育产业的革命提供了

市场基础。

大型体育活动的发展，源自乔治王朝时期商业主义萌芽，以及秉持运动是一种商业娱乐的观点。很多现在的社会学家和评论家认为当代的体育是"商品化"的，然而早在杰克•布劳顿1743年开办拳击场、向入场观众和拳手收费以来，运动已经商品化，运动员已经是雇佣工人。事实上，在19世纪80年代至90年代，反对足球和橄榄球职业化的常见论据是，职业化使得"足球和橄榄球人才变成可交易的商品"。18世纪受雇于贵族板球队的工匠出身的投球手、击球手和防守队员，也是在出卖劳动力。虽然他们并不在矿山、工厂或办公室进行强制劳动，但是其出卖劳动力的行为与工厂技工并没有本质上的区别。但是直到19世纪70年代，商业运动一直缺乏可持续的交易结构和有足够剩余可支配收入的全国性大众市场。19世纪最后的三十多年里，英国工人阶级的实际工资提高了，城镇居民人数增加，因此产生了能够持续支持整个赛季的观众、有了大众市场。美国在内战后出现了类似的现象。之后，两个国家都出现了运动联赛，尤其是足球和棒球。板球和橄榄球也出现了联赛，虽然水平稍低些。这些联赛为热切且日益增加的城市观众，提供了定期的高质量娱乐。

和18世纪的运动不同的是，19世纪末期的足球、板球和棒球吸引了大量的观众，定期、持续地参与赛事。**与以前的临时性、一次性比赛相比，定期的周期性赛事创造了大量盈利的机会。永久性的体育市场产生了。**与18世纪的商业运动相比，这是一次根本性的变革。如果将 19 世纪 80 年代出现的职业足球俱乐部和 19 世纪 50 年代到 60 年代根据乔治王朝时期的运动商业模式安排的职业板球队巡回赛进行比较，就能清楚地反映这种改变。当时的职业板球队是流动的，没有主场，并且一直在巡回。在很多比赛中，对手球队的球员超过十一名，有些球队甚至有二十二名球员。他们的商业模式和巡回展览、马戏团、戏班是一样的。相对地，19 世纪 80年代的运动队是地区的象征和市民自豪感的驱动力，力争拥有让别的俱乐部羡慕的主场设施。

运动的竞争性，使运动在 19 世纪末工业资本主义社会中有了更广泛的意义。对于改而崇拜运动的中产阶级而言，运动和资本主义之间的联系非常明显。美式橄榄球之父沃尔特·坎普（Walter Camp）曾表示：

> 找到可以攻击的弱点、试探对方的意图、隐藏自身的实力，直到最后在对方最猝不及防之处给予迎头痛击。这是橄榄球的战术，还是商业的战术？当然两者都是。

他表示，橄榄球赛是"向青年灌输商业企图和需求的最好的学校"。

团队型比赛是现代体育产业的重要驱动力。通过体育团队的集体认同，可以推广地区认同、表达市民自豪感。在19 世纪 50 年代至 60 年代的英国和美国，中上层年轻人成立的运动型绅士俱乐部，就成为了本地经济和城市竞争的表达方式。在大规模城市化和前所未有的人口增长的背景下，这些俱乐部很快成为城市、市区、郊区甚至街区的代表。受到宣传或者出于仿效，城市工人阶层也开始参与这些绅士的运动。橄榄球和篮球可供娱乐和赌博，同时还有助于工人阶级社区表达归属感和身份认同。华伦·哥德斯坦发现，在棒球和橄榄球比赛中，永远有一支"主队"。

英国足球联盟锦标赛（1871 年开始）、全国棒球联盟（1876 年开始）等赛事，使得俱乐部之间的竞争加剧了。它们愈发需要得到最好的球员来维持或提升俱乐部的地位，也更加被视为地区的代表。为了吸引顶尖的球员，俱乐部必须吸引大量观众以获得商业成功，因此也必须建设运动场馆。然而，建设运动场馆的投资巨大，所以俱乐部必须吸引买票观赛的客户，也就是说，他们的球队必须赢球。赢球的球队，必须有最好的球员。在第一个俱乐部成立后不到三十年的时间里，运动就出现了如此的循环。

此外，观众的忠诚度和球队的地区属性很好地吻合了俱乐部和赞助商的商业需求。当时，俱乐部的赞助者一般是本地的啤酒厂和报纸。用资本主义的语言来说，成为本地球队的支持者，是对企业"品牌忠诚"的特殊方式。一支球队往往有多个赞助商。橄榄球的商业文化不如棒球强劲，但是其商业化程度并不低于棒球。19 世纪 80 年代，俱乐部开始成立有限责任公司，以筹集场馆建设费用。拥有一家俱乐部不一定能赚钱，但是却会带来别的盈利机会。啤酒厂大量参与体育活动，从中可以看出，在比赛现场销售饮品的收入很可观。通过赞助俱乐部而在本地产生的声誉，也可以变现成为商业和政治资产，这是现代赞助制度的前导。通过拥有或参与本地体育俱乐部，商人可以占据本地商业和社交网络的中心位置，也就是做生意和联络沟通的位置。拥有球队而带来的长期无形利益，往往超过了短期的付出。

比如，曼联足球队（Manchester United）是因为曼彻斯特的一家主要的啤酒厂而存活的。牛顿希思俱乐部（Newton Heath FC）在 19 世纪 90 年代深陷财务困难，不得不在 1902 年破产清算。曼彻斯特啤酒厂（Manchester Breweries）的董事会主席戴维斯（J. H. Davies）出价五百英镑买下了该俱乐部，并改名曼联，此后曼联成为该啤酒厂的下属机构。俱乐部董事会由戴维斯和其他六名公司员工组成。戴维斯不仅创造了曼联俱乐部，还提供了主场场地。1909 年，戴维斯提供六万英镑，让俱乐部从克莱顿（Clayton）迁往老特拉福德球场（Old Trafford）。戴维斯对俱乐部的付出并不是利他性的。1910 年，英国足联在一次询问中发现，戴维斯从俱乐部收取了后者未使用的土地的租金。曼彻斯特的另一支足球队也体现了足球和企业的密切联系。曼城队（Manchester City）曾经试图从海德路球场（Hyde Road）搬走，但是被切斯特啤酒厂（Chester's Brewery）阻止了，理由是如果曼城队从啤酒厂的传统客户所在地搬走，那么他们给俱乐部的财务支持就白费了。在欧洲还有一些类似的例子，比如，汽车制造商菲亚特（Fiat）和尤文图斯（Juventus），电气厂商飞利浦（Phillips）和埃因霍温（PSV Eindhoven）。

有一些俱乐部本来是由本地工人组织、教会教徒或同社区的居民创办的，但是他们很快发现，即使半职业化的俱乐部也需要按照资本主义企业运作。有些俱乐部表面上是由成员控制的，但其实为了财务生存，已经依附于银行和本地企业——尤其是希望将产品推向本地市场的啤酒厂。今天足球常常被称为"人民的运动"，但实质上远非如此。因为足球能够有可持续的商业模式、能够开拓 19 世纪末的新兴大众市场，所以才会如此流行。

运动俱乐部往往是亏损的，所以其背后的经济目的被隐藏了。很多足球和篮球企业家很快理解了这个笑话：发一笔小财的最快方法，是发一笔大财，然后投资运动队。赢得比赛和锦标赛无疑比盈利重要。俱乐部的最佳表现也只是不亏本。用经济学的语言来说，**俱乐部是效用极大化者，不是利润极大化者**。球队所有权人对这些问题了然于胸。19 世纪棒球和足球的主要联盟是全国棒球联盟和全国足球联盟。这两家联盟都以卡特尔垄断的形式经营，以保护会员利益、抑制影响其市场地位的对手。全国棒球联盟曾进行一系列的战斗，击溃可能争夺其主要联赛地位的对手，直到 1902 年不得不承认美国棒球联盟（American League）的主要地位。而全国足球联盟则在 1920 年收购了其主要的对手南方联盟。英国的全国足球联盟比其美国的小兄弟稍多些家长作风，该联盟同时也试图保护自己的成员。他们严格限制股东分红的金额、禁止俱乐部董事领取薪水，从而避免俱乐部所有权人的投机和暴利行为。在棒球和后来出现的其他美国职业运动中，如果俱乐部所有权人认为另一个球场的草坪更青绿，就可以将俱乐部迁走。

商业化大众体育的新模式的出现，是得益于维多利亚时代后期的社会和经济环境。具体来说，**体育革命需要三个关键要素：产业工人阶级、统一的民族文化和大众通俗报纸。**三者任缺其一，都会严重限制现代运动的发展。

19世纪，资本主义呈指数发展，这带来了人口的迅速增长。从19世纪70年代开始，工人阶级的大多数人生活水平提高了。从19世纪50年代开始，英国的过半人口住在城市里。半个世纪后，1901年，英格兰和威尔士的人口已经从1790万人增长到3250万人，几乎翻倍。实际工资提高了，而工作时间缩短了，尤其是英国。从1874年起，星期六只工作半天，工人阶级有了更多的闲暇时间，还有了参与和观赏运动的半天的时间窗。

美国的变化同样显著。1865年，北方在美国内战中胜利。这不仅将大量的黑人人口从奴隶制中解放出来，还为美国打开变革之门，从农业经济发展成为城市化、工业化的资本主义强国。内战前，美国人口只有4000万人，1900年已经增长到8000万人，而且工业人口比农业人口更多。

工人阶级大量涌入城市，带来了他们的娱乐需求。如第二章所述,在英国,刚刚城市化的无产阶级带来了农村的运动,因此和试图向他们施加"合理娱乐"的宗教道德改良者形成了严重的摩擦。在美国,涌入城市的大量人口带来了欧洲的娱乐方式,尤其是德国人带来了德国体操。同时,他们也带着对盛大活动的强烈兴趣。拳击、斗兽、竞走等运动,在19世纪中期英美两国的工人阶级社区都很常见。但是,在该世纪的最后四分之一,工人阶级的生活水平提高,这才有了商业运动和各种通俗娱乐的大众市场。

到19世纪80年代,工人阶级的运动员和观众已经主导了中产阶级最为看重的运动——即使政治上未能主导,也在人数上大大超越。这些运动是,足球、橄榄球、板球和棒球。在一定程度上,这是因为有人相信运动有道德和社会教化的作用,并加以推广。然而,工人阶级中最流行的是团队运动,这并不是偶然。对于在工厂、矿山、船坞工作的工人而言,集体活动是他们生活的基本框架。他们的工作围绕集体生活展开,工会根据集体活动运作,社区依赖集体活动发展。在橄榄球和篮球运动中,球队成员一起来抗争恶意的世界,这正是工人阶级生活的反映。等级分明的社会阻塞了所有人的发展机会,只有特权阶级和非常少的幸运儿才有出路。而运动却使有运动天赋的人在社区中获得尊重,并且有可能脱离体力劳动。

从此可以看出,运动之所以在19世纪末如此流行,很大程度上是因为运动呼应了欧美城市产业工人阶级的生活。沃尔特·本杰明曾经解释为什么电影院能够吸引城市居民。这个理论也适用于体育：

> 酒馆和街道，办公室和带家具的房间，火车站和工厂；这一切好像把我们锁闭起来，毫无出路。电影出现了，只需要十分之一秒，就把这个监狱一般的世界炸得粉碎。现在，在遍地的废墟和碎片上，我们平静而又冒险地远行。

运动带来的激动和兴奋，让人们每周一次从工厂和办公室里无穷无尽的工作中解脱出来。**运动场是一个远离工作束缚的竞技场——从观众对权威裁判的言语暴力甚至身体暴力就能看出来。**运动场不仅提供了场所感——即社区在本地球队中的体现，在某些地区，足球和橄榄球的大众性还为观众提供了阶级认同感。对于观看比赛的大多数人而言，足球是工人阶级专属的社会领域，尤其是在英格兰和苏格兰。虽然中产阶级和工人阶级都踢足球，但是两个阶级之间极少对战。职业球员几乎都来自工人阶级。足球馆和棒球馆一般都在工人阶级所在区域的中心，并且成为了城市生活铁三角之一，即家庭、工作和娱乐。橄榄球进一步强化了社会和文化隔离。在英格兰和澳大利亚，橄榄球被分割成联盟和联合会，这正是按照阶级划分的。

在这个大众体育的世界中，不仅运动员和支持者来自工人阶级，英雄人物、领导人物和球队队长也来自这一阶级，这是至关重要的。在工会和工人运动之外，工人阶级再没有领导的机会。而体育不仅提供金钱和名誉，还带来了不论阶级和财力的认同与尊重。职业化被中产阶级污名化了，然而在工人阶级当中，职业化是一种尊重、是运动员技能和威望的证明。最重要的是，运动让工人能够定义自己的身份、影响周遭的世界，让他们有可能从劳工生活中跳脱出来。马克思曾说，对工人而言，"生活从工作停止的时候开始，生活在餐桌旁、在酒馆里、在床上"。我们还可以加上一条：在赛场上。大众体育提供了一个舞台，大众本身也能够成为完全意义上的运动员。

法国的工业和人口增长速度不如英语国家。从 1801 年到 1901 年，人口只从不足 3 000 万人增长到略多于 4 000 万人。法国城市化的脚步也稍慢，直到 20 世纪 60 年代，法国城镇人口才超过总人口的一半。但是，1870 年普法战争的失败和第二年巴黎公社的冲击，也给法国社会带来了根本性的变化。民族团结的努力开始了，一方面是交通通信，即铁路和电报系统的快速扩张；另一方面是树立民族主义的象征，其中最引人瞩目的是巴黎的埃菲尔铁塔。遍布法国的百货商店和连锁店同时刺激了消费主义和民族团结。在主要的城镇里，音乐厅和 19 世纪 90 年代后出现的电影院成为城市居民的商业娱乐。女神游乐厅（Folies Bergère）的董事克洛维·克莱尔（Clovis Clerc）是自行车赛场的早期投资人之一。而自行车运动本身也是联系工业资本主义和国家重建的一环。当职业自行车手骑乘自行车这一工业资本主义的大众消费品，穿过从比利牛

斯山到多佛尔海峡之间的城市和乡村时，他们象征着法兰西
第三共和国的团结。环法自行车赛的组织者相信，这项赛事
能够推进法国的现代化和自行车的销售，这也是基本正确的。
尤金·韦伯（Eugen Weber）有一个著名的说法，他们认为自
行车能够"把农民变成法国人"。

运动在国家重建中的重要性，在别处也有体现。意大利
的复兴运动（Risorgimento）将意大利从政治上统一了，却没
能在文化上统一起来。在商业目的、民族意图甚至国际声望
方面，环意大利自行车赛（Giro d'Italia）是环法赛的翻版。"Far
conoscere l'Italia agli Italiani"（让意大利人了解意大利）是意
大利自行车旅行俱乐部（Italian Cycling Touring Club）这一大
众自行车组织的口号。在大西洋的另一侧，美国北部联邦在
内战中打败了南部邦联，从而统一了美国，将两个美国变成
了一个美国。杂耍和滑稽戏等商业娱乐活动与新兴的大众通
俗媒体相结合，为迅速发展的城市工人提供了消遣。运动是
这一现象的受益者，也是推进者。威廉·赫尔伯特（William
Hulbert）在1876年成立了一个新的棒球组织，虽然只在美国
东北和中西部的八个城市里有球队，但他从未后悔将其命名
为全国棒球联盟。20世纪，大学橄榄球队在美国西海岸巡回
比赛，这说明电报和报纸让北美大陆变小了，而大学橄榄球
也从美国西北部大学的精英运动变成了全国性的运动。从19
世纪70年代开始，英国更加中央集权化，其文化也更加全国
化。全国性的零售连锁店、工会等区域组织合并成为全国性

组织、全国性日报的地位提振，这些都证明了区域化的衰退、和统一的民族文化的发展。这场全国性文化的大发展，最好的证明就是足联锦标赛和足球联赛前所未有的快速扩张。

在日本，1868 年的明治维新为资本主义的发展打开了大门，造就了一个现代民族国家。在统一的教育体系、现代军队和工业经济之外，日本也非常重视棒球和橄榄球等英式运动。1886 年，日本文部科学省根据英国公学的体制，开办了精英的"高等学校"，而体育是重要的课程。日本精英非常欣赏英国的教育模式，一方面因为英国君主立宪制的成功；另一方面因为英国中产阶级强调的阳刚的价值观——恬淡寡欲、荣誉、责任和自我牺牲——与日本的武士道和朴实刚勇的概念不谋而合。现代体育对日本的新民族文化十分重要，甚至日本的传统运动因此而式微或者被彻底改造。相扑就是一个突出的例子，在 20 世纪初，相扑的很多传统仪式被修改了。创造传统，这也是日本从英国学到的体育文化。

美国板球的发展，也证实了民族认同对运动发展的重要性。在内战前，板球是美国夏季最重要的运动。板球主要分布在美国东北部，尤其是在纽约和费城附近的英国侨民之间流行。1859 年英国第一支巡回赛板球队就去了北美，这也说明了板球在美国的流行程度，但是仅限于中产阶级。费城的板球队员，有四分之三来自富人区。虽然是亲英派的精英阶层的运动，板球却没有在北美蓬勃发展的城市中成为大众运动。最重要的原因是，美国 19 世纪后半叶的国家重建，是基于北方联邦在内战中的胜利。英国政府在内战期间表面维持中立，但是英国上流社会和彬彬有礼的南方奴隶主在各方面都很相似，所以英国明显地偏向南方邦联。对于基于北方工业化资本主义重建的美国而言，板球太"南方化"了。

这些要素都体现在蓬勃发展的大众媒体中。印刷资本主义为大众运动文化注入了能量。在 19 世纪的最后三十几年，英语国家和欧洲大部分地区的人口都能够读写了，所以有了大众报纸的市场。很多历史学家曾经指出，运动为报刊和记者提供了持续稳定的新闻来源。运动持续地上演喜剧、猜测、争论、悲剧、胜利、英雄和恶棍，这些正是大众媒体的生命线。运动需要报纸进行宣传，报纸需要运动提供内容。但是运动和报纸的关系不仅如此，从很多方面来说，报纸行业孕育了现代运动。

在英国，报纸对运动广告和组织的重要性，早在 18 世纪就确立了。到拿破仑战争末期，不仅有日报定期发表运动报道和公告，还有专门的运动类周报和月报。1822 年开始出版的《贝尔的伦敦生活》(*Bell's Life in London*) 后来成为最著名的运动报刊。创刊时，该报刊只是一份针对伦敦工人阶级、报道犯罪和丑闻等哗众取宠的消息的周刊，但是运动慢慢地成为了主要内容。到 19 世纪 50 年代，该报刊成为俱乐部和运动员的仲裁人，从运动评论人变成了参与者。和它的对手《运动场》(*The Field*，1853 年创刊) 一样，在足球规定制定的早期，《贝尔的伦敦生活》也大量报道了当时的辩论。这两份周刊最关心的都是赛马（《运动场》也关心其他贵族户外运动）。在 19 世纪 80 年代，大量的运动周刊创刊，大力支持流行的大众运动，《贝尔的伦敦生活》和《运动场》也因此衰落了。同样地，后期的报刊不仅是运动评论人，也是运动管理的参与者。这种共生关系中最高端的编辑是约翰·本特利（John Bentley），他是周刊《体育新闻》（*Athletic News*）的编辑，也是英国足联的委员，后来成为了主席。在周刊以外，全国性和地方性日报也越来越多地报道运动，尤其是地方性日报。到 20 世纪，几乎英国每个大城市的日报都在星期六出版晚间体育专题，报道当天所有赛事的得分。很多区域性报纸的记者，对本地的运动有很大的影响力。《约克郡邮报》的 A.W. 普林——笔名"老艾博"（Old Ebor）——曾出席约克郡橄榄球联合会（Yorkshire Rugby Union）的执行委员会会议，也是利兹联队（Leeds United）的前身利兹城队（Leeds City）的董事。爱尔兰盖尔体育协会和媒体的关系更加明显，该协会的创办人中有三名记者，包括第一任秘书长和推动者迈克尔·丘萨克（Michael Cusack）。

美国运动和新闻媒体的关系也一样。《国家警察报》（*National Police Gazette*，1845 年创刊）和《纽约快船报》（*New York Clipper*，1853 年创刊）在创刊之时，报道方向和《贝尔的伦敦生活》类似，甚至更荒唐淫秽。两份报刊都在运动报道和运动组织方面占据了重要地位。19 世纪 50 年代，《纽约快船报》成为寻求比赛机会的拳击手的票据交换所。《纽约快船报》最著名的记者是亨利·查德威克（Henry Chadwick），他是英国维多利亚时期社会改革家爱德温·查德威克（Edwin Chadwick）的弟弟。在棒球运动的前几十年，他既是报道者，也推动了棒球运动的成型。查德威克在多个棒球委员会上供职，在 1861 年出版了第一份《棒球年度指南》。他和英国的查尔斯·阿尔科克（Charles Alcock）担任着同样的社会角色，后者是英国足协的高层，同时从 1867 年起开始出版《足球年度指南》（*Football Annual*）。运动记者普遍在棒球中担任报道者和参与者的双重角色。本地记者一般也在俱乐部担任记分员，这造成了潜在的利益冲突。直到 1980 年，美国职业棒球大联盟（Major League Baseball）开始使用独立记分员。和英国一样，美国在 19 世纪 80 年代也经历了体育月报创刊的潮流，其中最值得瞩目的是 1886 年创刊的《体育新闻》（*Sporting News*），该报很快成为第一份有据可查的棒球报刊。迈克尔·奥利亚德（Michael Oriard）曾认真地记录道，大学橄榄球是因为 19 世纪 90 年代主要日报的大量报道而流行起来。在 19 世纪和 20 世纪之交，美国主要日报中的大部分都增加了运动版面，并且增加全职的运动记者。运动也完美地契合了当时美国媒体界哗众取宠的风气和赫斯特等出版商的黄色新闻潮流。

在日本和法国，媒体在大众体育发展中的角色更为直接。日本 1915 年的第一场国立大学棒球联赛就是由日本的顶尖日报《朝日新闻》组织的。棒球在大学中根基深厚，《朝日新闻》只是将区域报纸在区域的作为扩大到了全国范围。

1924 年的比赛十分成功，因此《每日新闻》（*Mainichi Shinbun*）
组织了一个反季的联赛与之抗衡。更引人注目的是，1934 年
职业棒球的诞生完全是因为东京的右翼日报《读卖新闻》的
商业驱动，该报纸在 1931 年赞助了美国全明星队访日。1934
年，该报纸再次安排了美国队访日。这一次的明星是巴比·鲁
斯（Babe Ruth），《读卖新闻》也组织了自己的职业队来对战。
1936 年，日本职业棒球联盟（Japanese Baseball League）成立了，
该联盟由七支球队组成，其中四支属于报社。另外三支球队
由铁路公司组织，这也显示了现代体育、媒体和交通行业的
紧密联系。

　　这种关联关系在法国商业体育赛事的创办上更为明显，
尤其是环法自行车赛。职业自行车的存在，完全是因为法国
新闻业和自行车制造商的联盟关系。1869 年，《自行车画报》
（*Le Vélocipède Illustré*）组织了第一次巴黎到鲁昂的公路赛。如
其名字所称，《自行车画报》是一份推荐自行车运动的双周画
报。自行车的潮流在普法战争之后在法国消退，但是和英美
两国一样，充气轮胎和后轮驱动的"安全自行车"在 1890 年
重新点燃了自行车运动。《小日报》（*Le Petit Journal*，1863 年
创刊）1891 年组织了巴黎—布雷斯特—巴黎自行车赛，1892
年组织了巴黎—贝尔福长距离赛跑，1894 年组织了从巴黎到
鲁昂的第一次摩托车赛，1896 年组织了第一次巴黎马拉松。

　　巴黎马拉松是由《小日报》和《自行车》周刊（*Le Vélo*，
1892 年创刊）组织的，后者在 19 世纪 90 年代中期的销量达

到每周 8 万册。1896 年，《自行车》周刊和运动企业家西奥多·维耶纳（Theodore Vienne）一同组织了巴黎—鲁贝自行车赛。这些赛事非常成功，为环法自行车赛提供了模型，然而环法赛的催化剂是德雷福斯事件（Dreyfus Affair）。这是一次针对阿尔弗雷德·德雷福斯的反犹太政治迫害，德雷福斯是法国军队中的一名犹太裔上尉，被诬告向德国泄密。皮埃尔·吉法尔是《自行车》杂志的编辑，曾在《小日报》就职，他对德雷福斯表示支持。1899 年，他报道了强硬反德雷福斯的汽车制造商儒勒-阿尔贝·德·迪奥伯爵（Comte Jules-Albert de Dion）为了反对德雷福斯而在奥特伊袭击法国总统并因此被逮捕的事件。迪奥非常恼怒，他停止了对《自行车》的支持，并和汽车制造商阿道夫·克莱蒙（Adolphe Clément）、轮胎业巨头爱德华·米其林（Édouard Michelin）一起创立了周刊《公路自行车》（*L'Auto-Vélo*）。该刊简称《公路》（*L'Auto*），是现在的《队报》（*L'Équipe*）的前身。1903 年，因为债台高筑、销量下滑，《公路自行车》开始组织自行车赛，即环法自行车赛。

　　媒体在 19 世纪至 20 世纪初的大众运动发展中起到了核心作用。媒体不仅宣传和表达了运动的意识形态，也引发和创办了竞赛和其他组织。印刷资本主义不仅构建了本尼迪克特·安德森（Benedict Anderson）口中的"假想社区"，还创造了由体育活动、联赛和市场组成的实际"社区"，以及将运动及其产物和大众相联系的框架。**媒体是一条大动脉，为现代体育的工业革命提供了生命之血。**

第七章
大英帝国时期的运动

英格兰遍及世界的伟大的帝国，主要起源于伊顿公学的足球赛、泰晤士河上的划船比赛以及草地和荒原上的板球赛。

威廉·马修斯，1876 年

1894

年 6 月 16 日，76 名贵族、商人、记者和教育家聚集在巴黎。他们代表了当时世界的主要帝国：英国、法国、比利时、俄罗斯和美国。很明显，德国代表缺席了，他们没有受到邀请。1884 年 11 月，欧洲列强在柏林会议上瓜分了非洲。1899 年，海牙会议确定了战争中的"文明"行为，并设立国际仲裁法庭。1906 年，阿尔赫西拉斯会议调节了法国和德国对摩洛哥控制权的纠纷。

在巴黎会议上，各位代表带着同样的精神，却是为了建立国际体育组织国际奥委会（International Olympic Committee，IOC）。1896 年，国际奥委会创立了现代奥运会。国际奥委会由法国贵族皮埃尔·德·顾拜旦领导，通过体育运动推动国际和谐。顾拜旦的想法不只是迎合潮流，而是对法国地缘政治的反映。西面是海峡相隔的"背信弃义的英国佬"，东面是野心勃勃的德国。呼吁和平，其实是呼吁维持现状、保持法国在世界政治中的地位。

国际奥委会在世界和平方面的建树并不高于海牙国际法会议（Hague Conference）。和帝国主义时代的所有运动一样，奥运会同时是全球帝国主义的受益者和推动者。从 1870 年到 1914 年第一次世界大战爆发，欧洲帝国主义豪强、美国和日本瓜分了世界。在这个时代发生了"瓜分非洲"、分裂亚洲和对拉丁美洲的经济渗透。也是在这个时代，当代体育运动开始发展并传播到全球。

同时代的评论家全面肯定了运动和帝国主义之间的联系。运动是使大英帝国团结在一起的关键文化要素。《圣詹姆斯报》（*St. James's Gazette*）曾表示："民族的纽带稳固，商贸的纽带稳固，然而同样的娱乐方式而带来的'心的纽带'更加稳固。"英国桂冠诗人鲁德亚德·吉卜林（Rudyard Kipling）将英国和沙俄的中亚之争称为"大博弈"（the Great Game），这个说法也强调了这种联系。

这说明了英国运动为什么会从欧洲东北海岸上的几座小岛，传播到了全球。这些运动能够从发源地散播出去，并不是因为其内在特质。和英国运动相比，西班牙回力球、法国拳击和德国体操都有各自的优势，却没有在 19 世纪接下来的三四十年中在全球散播。这种差别一定程度上是因为大英帝国的实力。在有组织的运动出现之时，西班牙帝国已近暮年。而法国资本主义直到 19 世纪末期才发展出大众商业体育产业，比英国晚了很多。德国殖民者也传播了德国的体操，但是德意志帝国所得到的一直只不过是欧洲帝国宴席上散落的残渣。日本帝国主义在运动方面的遗产，是中国台湾和韩国的棒球运动。

只有美国有足够的实力在该时代的初期发展运动。一部分原因是因为基督教青年会（YMCA）的强健派新教徒的宣传，该组织是 1844 年在英国成立的。但即使如此，棒球也只在美国有直接影响力的区域流行，即加勒比海和中美洲的部分地区、菲律宾和日本。YMCA 在 19 世纪 90 年代发明的篮球和排球更加成功。YMCA 和美国军队将这两项运动带到了全世界，它们成为体育教育者和不喜欢商业化运动的人群的最爱，而且这两个人群往往是重叠的。在菲律宾，YMCA 是政府的臂膀，菲律宾的教育主管就是 YMCA 的成员。1911 年，菲律宾业余体育联合会（Philippines Amateur Athletic Federation）成立了。1913 年，该组织在马尼拉组织了第一届远东运动会（Far Eastern Games）。篮球和排球传播到欧洲，是因为"一战"后的美国军队调动，以及用美国运动带动大西洋两岸互信和社会和谐的努力——1945 年后，美国军队再次对欧洲产生了这样的效果。

但是和对手相比，英国运动有两个明显的优势。首先，如前文所述，英国人认为运动的意义不只是消遣。运动和英国民族主义的关联、业余主义的哲学，使运动成为大英帝国重要的意识形态和道德体系。其次，英国国内运动的规范化，和英国 18 世纪中期成为世界海上霸主和强权帝国的时间不谋而合。**运动和帝国的同时发展并不是巧合，而是同一个过程。** 在乔治王朝时代，皇室经商收获的财产，是运动赌博的赌注的主要来源之一。很多运动奖金和赌注是以基尼来计量的，基尼是皇家非洲公司（Royal African Company）用奴隶贸易所获黄金铸成的硬币，以他们所掠夺的西非地区来命名。这说明了运动和皇家经商之间的紧密联系，和英国贵族大量财富的血腥来源。

如果贸易跟随帝国主义的旗帜而来——这也是帝国主义支持者的一贯做法——带着球的人也就不远了。印度有记录的第一场板球活动，是东印度公司（East India Company）的海员 1721 年在古吉拉特邦的坎贝组织的一场即兴比赛。澳大利亚的第一场赛事是在 1804 年，距离澳大利亚成为英国殖民地仅 16 年。两年后，圣安妮板球俱乐部（St. Anne's Cricket Club）在巴巴多斯成立。1808 年，两支英国军官板球队在南非对战。安东尼·特罗洛普（Anthony Trollope）曾在 1868 年表示，"只要有二十来个我们的人，那里就会有板球"。和殖民地早期的赛马节一样，早期的板球俱乐部也成为殖民地的白人官员和移居者的社交网络。板球俱乐部为他们提供了消遣，保证了他们的英国人身份。俱乐部是他们在英国之外的一个家，在这里他们享受进口的英国食物、穿着伦敦的时装、阅读轮船运来的《泰晤士报》。这也推动了宗主国"母国"和殖民地之间的第一次巡回赛，"母国"这个词在澳大利亚和新西兰一直用到了 20 世纪 50 年代。英格兰的第一次板球巡回赛发生在 1859 年，当时全英俱乐部的一支职业球队和联合全英俱乐部的球队访问了加拿大和美国。两年后，举办了类似的第一次对澳大利亚的巡回赛。

然而，促进帝国主义运动文化和网络发展的，是帝国主义之间日益激烈的对抗。到 1890 年，英格兰、澳大利亚、印度、南非和西印度群岛之间有了完善的板球巡回赛制。1888 年，举行了前往澳大利亚和新西兰的第一次橄榄球巡回赛，1891年巡回赛在南非举办。很多巡回赛是"非官方"的，是完全的商业行为，并不是由主管机构组织的。巡回赛对帝国的价值很快得到了肯定，更不用说巡回赛巨大的商业成功。于是，巡回赛被官方牢牢控制，以建立帝国主义的体育运动系统，包括板球、橄榄球、划船和田径。

19 世纪末，主要殖民地之间互访的巡回赛成为了大英帝国文化生活的常态。20 世纪初悉尼的著名运动记者戴维斯（J. C. Davis）曾概述巡回赛的重要性。1904 年，他写道，巡回赛带来了"广泛的赞赏和种族共鸣。巡回赛偶然地让强健的英国本土人认识到，数千英里的海洋阻隔并没有让海外的英国人及其强健的殖民地后裔成为外国人"。RFU 的高层管理罗兰·希尔（Rowland Hill）也有同感。他表示，巡回赛"对帝国有巨大的意义，将母国和海外领地团结起来"。

巡回赛的成功也证明了运动在殖民地移居者之间的影响力。英格兰访问球队的队员，发现对手的球员和他们一样训练有素而投入。这主要是因为阿诺德式教育家的影响力，在希腊文和拉丁文语法课本之外，他们还时常随身带着板球和球拍。从 19 世纪 60 年代，他们还开始携带橄榄球。大英帝国各地根据《汤姆求学记》中所描述的拉格比公学的教学理念创办的学校和大学里，都充斥着这样的老师。其他英语国家里，这样的办学理念也一样流行和有影响力。如果说英国教育者在海外创办的每一所学校，都是按照阿诺德的教育理念运作的，这绝对不是夸张。因此，和在英国本土一样，体育也是海外教育体系中的核心。墨尔本文法学校（Melbourne Grammar，1858 年成立）、开普敦的主教学院（Diocesan College，1849 年成立）和新西兰的男子公学（Nelson College，1856 年成立）等学校的校长都把橄榄球作为核心课程，这些学校也都在所在国的橄榄球规则制定中起到了核心作用。

运动对维多利亚时代中期教育的重要作用，不仅限于让男孩保持健康（如前文所述，强健派基督徒认为女孩不值得关注），更在于意识形态方面的价值。绅士运动员的业余主义规则以及相关的社会隔离、男性气概和英国民族主义，这些意识形态巩固了英国中央和周边的关系、形成了泛英的身份认同或者说"大不列颠"的归属感。19 世纪 50 年代末到 60 年代初业余主义进入全盛期，此后运动才在英国殖民地成为帝国文化的关键要素，从中可以看出业余主义意识形态对殖民地运动发展的重要性。

对英国的很多对手而言，业余主义仿佛可以解释英国的全球支配地位，并且可以据此进行教育、让它们得到和英国一样的甚至更高的地位。美国人认为业余主义证明了社会达尔文主义的必要性。芝加哥教授威廉·马修斯（William Mathews）在《出人头地》（*Getting on in the World*，1873）一书中，教导美国男青年道："英格兰遍及世界的伟大的帝国，主要起源于伊顿公学的足球赛、泰晤士河上的划船比赛以及草地和荒原上的板球赛。"顾拜旦等法国亲英派认为，业余主义不仅为国内提供了精英主义和等级制度，也可以通过以体育运动推动和平来稳固法国的国际地位。日本在 1868 年明治维新后向资本主义现代化高歌猛进，英国和美国侨民社区的运动很快被看作教育未来的精英、赶上英语国家的方法。日本的精英教育机构都接纳了棒球和橄榄球联盟。一名日本外交官表示："这项运动切实反映了英国人真正的精神。因此，在我的国家推广这项运动，也能够帮助日本人更好地领会这种精神。"——他仿佛是在向竞争的帝国致敬。

　　教育是大英帝国向被征服的殖民地人民传输体育运动的大动脉——至少是当地的精英，这也是英国认为唯一值得教化的非白人社群。根据英国理念创办的、教导印度王子的后代的学校，是在 1857 年印度民族起义（Indian Rebellion）的几十年后才创立的。起义大大震惊了英国人，他们开始大量投资，打造亲英的印度精英层，托马斯·麦考利在 1835 年将他们称为"印度人的血和肤色，英国人的品位、思想、道德和智力的一个阶层"。运动是这个项目中不可或缺的一环。在加尔各答、孟买、马德拉斯都建立了大学和阿诺德式学校。其中最重要的是拉库马学校（Rajkumar College，1868 年创办），该学校的办学目的非常清晰："用英国公学学生的阳刚和勇敢来塑造他们"，校长亲自为学生朗读《汤姆求学记》。这所学校培养了印度最好的两位板球球员——朗基森吉王子

（Ranjitsinhji）和都利普森吉王子（Duleepsinhji）。这两位都代表英格兰而非印度比赛，这生动地说明了当时板球和帝国的关系，以及英国精英和印度精英的关系。

在"印度的伊顿公学"梅奥学院（Mayo College，1875年创立），男童们每天都打板球。学校的老师大多数是英国人，他们自视为帝国主义及其价值观的传道者，有些人也确实是传教士。1890 年，曾经在 1884 年赛艇中获胜的剑桥队舵手塞西尔·廷代尔 – 比斯科，被基督教传教士联合会派往克什米尔，教育当地精英的孩子。他创建了六所学校，把板球、拳击、划船和橄榄球作为核心课程。在英国人希望能控制本地精英的地区，都有同样的做法。很多私立学校和教会学校创立了，在运动上投入大量的时间和资源。加纳的阿奇莫学院（Achimota College）成立于 1927 年，拥有两个椭圆形大板球场、四个足球场、三个曲棍球场、两个篮网球和圆场棒球的球场，并以此为傲。特立尼达拉岛上的女王皇家学院（Queen's Royal College）位于原名台球果园的一个广场，该学院培养了未来的黑人行政官员和运动员，詹姆斯（C. L. R. James）也毕业于此。詹姆斯由这所学校塑造，所以一直崇信虚伪的业余主义，甚至他的经典革命书籍《世界革命》（*World Revolution*，1937）和《黑色的雅各宾党人》（*The Black Jacobins*，1938）都据此而作。

所以板球脱离殖民地移居者社区后，还是仅限于精英，并且实行种族隔离。印度的拜火教徒板球队员在 1848 年成

立了东方板球俱乐部（Oriental Cricket Club），并通过商贸
关系和英国建立联系。1868 年第一个印度教俱乐部孟买联盟
（Bombay Union）成立，1883 年第一个穆斯林俱乐部成立。
但是，直到 1877 年，印度本地球队才第一次被邀请和领先的
欧洲板球俱乐部孟买俱乐部比赛。这场比赛最后发展成为著
名的孟买四角形联赛，即欧洲人、拜火教徒、印度教徒和穆
斯林球队的比赛。然而直到 1932 年，印度才被授予国际板球
锦标赛的资格。印度国内板球的竞争性不断上升，因此板球
运动开始普及到印度所有人群，从大君到贱民。爱德华时代
最伟大的印度投球手是帕尔万卡尔·巴卢（Palwankar Baloo），
他是达特利种姓，或者说是贱民。然而他的板球技术不仅毫
不逊色于高种姓和高阶层的人，甚至还有过之，因此他成为
了千千万万贱民的英雄。巴卢向他们证明，在板球场上所有
人都是平等的，无论肤色、阶级和种姓。

在《出界》（*Beyond a Boundary*，1963）一书中，C. L. R. 詹
姆斯针对西印度群岛的板球运动，表达了类似的观点。詹姆
斯在种族隔离的殖民地特立尼达拉岛上长大，他表示"没有
正常发泄渠道的社会和政治热情，激烈地发泄在板球（等运
动）上，因为这是运动"。西印度群岛的板球运动被一小群
白人支配，在他看来这象征了西印度群岛的命运。因此，他
一直致力于推动让黑人运动员担任西印度群岛板球队的队长。
最后，在 1960 年该队前往澳大利亚进行巡回赛时，弗兰克·沃
雷尔（Frank Worrell）被任命为队长。

运动提供了一个公平的场地，运动员仅凭能力获胜，不受阶层和肤色的影响。这个被广泛接受的观点，是业余主义的"公平竞争"原则的延伸。但是却忽略了一个问题：谁控制运动场的入口。如前文所述，在前几十年，殖民地板球运动被在精英学校接受教育的人群所占据。此外，很多俱乐部成立时就以白人和非白人进行区分，同时还根据英国人所说的"种族"和"民族"进行区分。哈里斯勋爵是英格兰队长和 1890 年到 1895 年管理孟买的 MCC 主席，他要求板球俱乐部必须根据宗教来组织，他表示：

> 一旦每个民族都成立了一个俱乐部，我将坚决不再批准新的俱乐部。如果有人申请，我会告诉他们已经为他们的民族设立了球场，他们可以加入相关的俱乐部，免费使用场地。

这就是运动领域"分而治之"的策略，这个策略在 1947 年造成了南亚次大陆的分裂，伤痕至今仍在。在西印度群岛，教育设施和运动设施都只开放给富裕人士，或者像詹姆斯这样能力出众、得到精英学校奖学金的幸运儿。

因此，运动很少成为民族主义或社会主义用来反帝国主义的工具。在英国和美国，运动促进了帝国的团结。在 1916 年美国侵略多米尼加共和国之前，美国大使认为篮球会瓦解民族独立游击队的战斗："它能满足人民对刺激的冲突的渴望，所以能有效地取代游击队的抗议。"体育运动管理者、运动员和作者全部都持政治保守观点，几乎没有例外。唯一的例外是爱尔兰民族主义的盖尔体育协会，然而即使反对帝国统治的运动员，也都忠于英国的皇权。哈里斯勋爵哪怕在有同情心的观察者眼里，都是世纪最差的孟买长官。然而印度拜火教的顶尖板球队员 J. M. 弗朗基·帕特尔在其 1905 年出版的《印度板球的思考》一书中，却对哈里斯勋爵推崇备至，称其为"高尚而富有同情心的长官，慷慨而诚恳的运动员，在担任孟买长官期间热情地支持人民的体育文化"。在 1930 年欢迎英国橄榄球联合会的球队来旺格努伊巡回比赛时，当地毛利人社区的领导表示：

> 英国民族的家园，我们的知识、保护和宗教所来源的美好国家……在联合王国的国旗下，我们理解了英国正义、英国公平和英国基督教原则这些词语的真意。

他们的话语中没有任何讽刺之意。直到 20 世纪 50 年代至 60 年代大英帝国走到终点、殖民地争取独立时，运动才开始被视为对帝国主义的反抗。和所有别的要素一样，运动跟随政治而动。

即使是这迟来的些许反帝国主义态度，也很难在这片大英帝国的"白色领土"上找到。虽然民族主义的历史学家持相反意见，但事实上澳大利亚运动直到"二战"后依然以英国的身份为傲。墨尔本的特别规则的橄榄球，也就是现在的澳式橄榄球，是根据拉格比公学橄榄球发展而来的，而与英格兰队的竞争激烈的板球赛也不过是帝国内兄弟的家庭冲突。直到 20 世纪 70 年代,澳大利亚的足球和橄榄球场还奏唱英国国歌《天佑女王》。1932 年到 1933 年臭名昭著的"快速投球"争议,也只是因为澳大利亚人误以为英国人确实遵守"公平竞争"。在该次巡回赛中,英格兰队长道格拉斯·贾丁(Douglas Jardine)指点快速投球手将球直接投向澳大利亚击球手的身体。在阿德莱德的第三场比赛中,澳大利亚队长比尔·伍德福尔(Bill Woodfull)对贾丁投诉:"这两支球队里,一支在打板球,另一支完全没有要打球的意思。"之后,伦敦的殖民地办公室和澳大利亚政府之间发生了激烈的争辩。然而本次纠纷的核心,不是澳大利亚寻求脱离"母国"独立,而是澳大利亚人因为英国人放弃了公平竞争的英国原则而倍感受挫。一位匿名的政治评论者表示,澳大利亚人觉得被英国人背叛了:

> 我们按期还债,是英格兰在整个帝国的最佳顾客。一旦有危险,我们第一个响应母国的军事召唤。……我们澳大利亚人不明白,为什么从整个帝国中独独挑出我们,进行持续不断的攻击。

最后,闹剧以澳大利亚板球当局屈服于当地所说的"文化自卑"而结束,他们为批评贾丁"没有运动道德"而道歉。"没有运动道德"大概是对公校学生最恶劣的评价。贾丁不圆滑的做法让英国板球当局倍感尴尬,最终撤销了他的队长职务。

爱尔兰是唯一一个在体育运动中明确而有意识地反对帝国主义的地方。1884 年，爱尔兰民族主义者创立了盖尔运动协会（Gaelic Athletic Association，GAA），发展爱尔兰的运动文化。由于爱尔兰对英国统治的反对程度，GAA 毫不意外地成功了。该组织禁止成员参与足球、橄榄球等英国的"驻防军运动"，并发起声势浩大的反对板球的活动。大饥荒后，板球在爱尔兰不再流行。然而如果不考虑政治价值，GAA 只是英国文化的镜像。GAA 坚决奉行业余主义，并简单地用爱尔兰曲棍球和盖尔足球取代板球、足球和橄榄球。虽然爱尔兰当时不是工业化国家，但是已经被纳入英国文化体系，所以也受到了19 世纪末的体育革命的影响。最重要的是，GAA 将运动和民族主义捆绑，所以爱尔兰曲棍球和盖尔足球对他们的影响力和吸引力，相当于足球、棒球、自行车对于大英帝国、北美和法国的作用。GAA 的政治作用主要不在于对运动项目的选择，而是由于其领导人将 19 世纪下半叶的"盖尔文化复兴"（Gaelic Revival）作为核心任务。此外，GAA 的模式也被激进的爱尔兰共和军用作军训——然而，阅读过亨利·纽波特（Henry Newbolt）的《生命的火炬》（*Vitae Lampada*）一诗的人会发现，将运动作为军训方式并非爱尔兰运动民族主义者的原创，而是向英国运动学习的结果。

1920 年 11 月 21 日，运动和军国主义的关系以最残忍的方式体现出来，受害者是盖尔足球的支持者。当时正值爱尔兰独立战争（Irish War of Independence）的高潮期，为了报复爱尔兰共和军（Irish Republican Army，IRA）袭击英国军事情报官的行为，皇家爱尔兰警队（Royal Irish Constabulary）冲进都柏林的克罗克公园（Croke Park），向观看都柏林对蒂珀雷里足球赛的群众开枪。警队停火时，已经向群众发射了至少114轮步枪弹药，十四名平民死亡，数十名受伤。蒂珀雷里队的临时队长迈克尔·霍根（Michael Hogan）死亡，另外还有两个男童和一个计划下周结婚的女青年。这次事件以最低级的方式再次说明了，运动并不能逃避政治，也不能对政治免疫。

第八章

不公平竞争：体育中的种族政治

　　据报道，阿肯色州有两名黑人被害，一名白人遭受枪击，弗吉尼亚州罗阿诺克有一名黑人身受重伤。……全国各地据称有七名黑人被杀害，几十人受伤。从东北部的纽约、匹兹堡、费城，到南部和西南部的新奥尔良、亚特兰大、圣路易斯、小石城和休斯敦，共十一个大城市出现骚乱。

《纽约论坛报》低估了 1910 年 7 月 4 日那晚的冲突。50 个美国城市的黑人社区遭受种族主义暴徒的袭击。约 23 名黑人和 2 名白人死亡，数百人受伤。

究竟是什么挑起人们这样的愤怒情绪呢？ 拳击台上两个男人格斗，这是几个世纪来常见的事情。但是这次，一名黑人战胜了一名白人，成为重量级拳击的世界冠军。这位黑人名叫杰克·约翰逊，他的胜利终结了白人运动员天下无敌的神话。

现代体育的发展一度受制于"白种人"优势论。《约克郡邮报》，一家北部英国工业资产阶级的报刊认为："体育使盎格鲁－撒克逊人种成为世界上最好的战士、水手和殖民者。"大西洋对岸的哈佛大学足球教练、未来的美国驻菲律宾总督以及后来的驻日本大使，威廉·卡梅伦·福布斯则宣称："足球是盎格鲁—撒克逊人力量的象征。这是优势种族的优势精神。"某些种族天生比其他人种低劣的观念，是从 17 世纪的奴隶制和殖民主义中发展起来的。这种观点没有任何科学意义。人类基因组计划（Human Genome Project）已证实，除了皮肤颜色不同，并没有什么基因组可以明确分辨人种，种族分离没有基因学依据。种族分类在科学上没有价值，但却有相当的社会影响，而且这种社会影响在体育运动中表现得淋漓尽致。

在资本主义出现之前，并不存在现代意义上的种族概念。虽然古典文明中存在奴隶制，但并不存在种族主义。国家之间存在对立关系，但是并不是因为肤色或身体特征。实际上，古埃及的奴隶社会曾被努比亚法老王朝统治，罗马帝国则由北非大帝塞普蒂米乌斯·塞维鲁统治。无力抵抗而被抓作奴隶的人群受到歧视，被认为是劣势弱者。实际上，古代奴隶和奴隶主是同肤色的。

17—18世纪奴隶的交易量上涨，英国船只将奴隶从西非运到加勒比海地区，然后带着棉花、糖等经济作物回到英国。非洲奴隶的肤色成为受奴役的理由。奴隶贩子和奴隶主用黑皮肤比白皮肤的人种低等，以及各种伪科学、人类学和圣经论述来证实奴役非洲人民的合理性。但是，19世纪最重要的黑人废奴运动家弗雷德里克·道格拉斯（Frederick Douglass）写道："我们受迫害不是因为肤色，而是因为多年来，公众把肤色和奴隶与奴役画上等号。"大英帝国统治者的态度也是类似的。帝国主义发言人对于征服印度、非洲和远东的说辞是，深色皮肤的人种比白皮肤的英国居民低等。卢迪亚德·基普林（Rudyard Kipling）曾表示，有色人种是"白人的累赘"。在维护奴隶制和殖民主义的需求下，白人优势理论应运而生。

现代体育诞生时，种族正好成为资本主义发展的核心问题。19世纪的最后二十五年，帝国主义侵略了世界的各个角落。各帝国主义强权抢夺非洲和亚洲，因此它们之间的关系也紧张起来。大英帝国通过 19 世纪中期到维多利亚时代后期的一系列战争，巩固了对几个关键殖民地的统治：1857 年的印度起义（Indian Mutiny）、1879 年的盎格鲁 - 祖鲁战争（Anglo-Zulu war）和镇压原住民毛利人的新西兰土地战争，这只是英国体育世界中的三个国家。在澳大利亚，1901 年官方的"白澳政策"（White Australia）支持了对土著居民的种族灭绝和对中国人等亚洲人的种族歧视。1861 年至 1865 年，因为南部邦联的奴隶制问题，美国爆发了历史上最血腥的战争。由于资本主义的全球扩张，对廉价劳动力和殖民地的需求提高了，因而强化了奴隶制的种族等级制度。在该制度中，深色皮肤人种比白色皮肤人种低劣。新兴的大众商业体育并不仅仅是这个时代的产物，也是维持白人至上秩序的中坚力量。

棒球运动最能体现这一点。在 1865 年内战结束后的重建期，政府试图对蓄奴的南部邦联进行人种法律平等的改革，却遭到了三 K 党等白人恐怖组织的袭击。种族问题成为美国政治的血腥断层，棒球运动则属于种族主义的阵营。1867 年，全国棒球员协会（National Association of Base Ball Players）将黑人球员拒之门外，几个大棒球联盟纷纷效仿。1884 年，接球手摩西·弗利特伍德·沃克（Moses Fleetwood Walker）因伤终结了他在美国联盟托莱多蓝袜队（Toledo Blue Stockings）的球员生涯，此后的六十多年，大联盟都不再有黑人球员。

1883 年，芝加哥白袜队名人堂球员安森（Anson）因为沃克而拒绝和托莱多对赛。和名人堂球员特里斯·斯皮克（Tris Speaker）、罗杰斯·霍恩斯比（Rogers Hornsby）以及著名的泰·柯布（Ty Cobb）一样，安森也是三 K 党的成员。

19 世纪 80 年代开始，各大小棒球联盟的俱乐部所有人和经理人签署《绅士合约》（Gentleman's Agreement），将黑人球员拒之门外。在实施种族隔离《吉姆·克劳法》（Jim Crow）的南部州，棒球运动中的种族歧视现象极其严重，《体育生活》（Sporting Life）在 1891 年曾经很兴奋地承认这一点：

> 在美国，没有别的行业像棒球运动这样有明确的肤色限制。一个非洲人想穿上队服和一群白人一起打球，那简直是命悬一线。

《绅士合约》的病态本质在 1908 年的一个案例中得到展示。1908 年，纽约巨人队在伊利诺伊州斯普林菲尔德的表演赛前，巨人队的经理（未来的名人堂成员）约翰·麦格罗（John McGraw）收到一根三天前私刑处死两名黑人的绳子。在之前一个周末，一名种族主义暴徒烧毁镇上的黑人区，逼迫区内居民抛弃家园逃生。收到这件凶器时，麦格罗对观众说，这可以"代替兔脚，作为球队的幸运符"。

英国本土和殖民地的体育圈实行严格的种族等级制度。1867 年，一队澳大利亚原住民板球运动员访问英国，他们的板球技术高超，但大家只对他们的人种感兴趣。媒体对他们

的舞蹈和回旋镖的兴趣，超过了球技。1888 年，一支新西兰
土著橄榄球队访问英国本岛，五名球员都是毛利原住民。他
们创新的打法受到广泛赞扬，但是因为不够服从英国橄榄球
联盟，他们激起了东道主的种族情感。据毛利原住民巡回赛
经理乔·沃布利克（Joe Warbrick）回忆：

> 只要（客队）输球，他们在观众眼里就是有趣的好人。
> 但是一旦赢球，他们就会遭到嘲骂，报纸上全部都是主队
> 的不足和客队的拙劣表现。

十七年后，才再一次有海外橄榄球队受邀来到英国。
1906 年，詹姆斯·彼得斯（James Peters）入选英格兰球队参
加橄榄球联赛，这是 1871 年至 1988 年唯一的黑人英国国际
球员。这一事件被评论为"因种族的关系，他的入选根本不
受欢迎"。英国中上层对于其阶级和社会地位十分固执，英国
的种族等级因此相当复杂。在美国，绝大多数黑人是工人阶级；
在美国南部，绝大部分黑人是贫穷的佃农。大英帝国还包括
殖民地当地的贵族和统治精英。这在印度尤为典型。英国教
育印度贵族学习英国优越的生活方式，包括运动，培养出了
卓越的王子板球手。K. S. 朗基森吉、讷瓦讷格尔的贾姆·萨
希卜大君和他的堂兄弟 K. S. 都利普森吉都为英格兰球队效力，
大家认为印度板球配不上这种水平的男士。

在 20 世纪初期，体育被明确界定为帝国主义世界种族思
想的证明。在 1904 年圣路易斯奥运会的"人类学日"活动上，

日本阿伊努人、巴塔哥尼亚人、爱斯基摩人、美国原住民和菲律宾摩洛人等所谓的"原始"民族参加了体育竞赛。这些赛事的目的是将他们和白人运动员相比较，但是他们不能与白人同场竞赛。人们很少注意到的是，这些人种都受到了美国的殖民统治或殖民影响。这两千名不情愿的参赛者只是人类动物园里被羞辱的展品，用来满足主办方的种族主义心理。美国人类学协会（American Anthropological Association）主席威廉·麦克吉（William McGee）认为，这场畸形秀的结果说明"白人在体力和智力上都是世界领先的，这两种优势使白人成为最优秀的种族"。

与同时期其他体育运动相比，拳击是种族问题的避雷针。黑人拳击手比尔·里士满（Bill Richmond）和汤姆·莫利诺（Tom Molineaux）都曾是奴隶，是 18 世纪 90 年代和 19 世纪头十年无手套拳击的黄金时代的风云人物。1810 年，莫利诺有争议地惜败于世界冠军汤姆·克里布（Tom Cribb）。然而，20 世纪早期帝国主义时代的种族歧视高涨，在充斥白人拳击手的拳击台上，黑人不再被视为文化奇事或良性例外。在 19 世纪的最后三分之一，拳击根据 1867 年昆斯伯里侯爵规则进行了改革，尽管该规则是由钱伯斯（J. G. Chambers）在 1865 年制定的。现代大众体育开端之时，拳击失去了摄政时期的主流地位，沦为边缘运动项目。改革后，拳击慢慢地恢复了流行度。昆斯伯里规则表面上是向拳击手推行健康的道德观，但实际上是将拳击改造为新的商业化大众体育。拳击台的尺寸规范化，每轮比赛长度控制在三分钟，并强制要求戴手套。结果这项运动变得更快、更具竞技性，也更加残忍。同样独特的是，拳击是该时期唯一一个不仅向城市工人阶级男性开放，而且也能为冠军带来惊人财富的个人运动项目——不像只对特定人群开放的高尔夫和网球。对不能参加大部分团队项目的黑人运动员来说，拳击带来了机会。

一个获得了如此机会的运动员杰克·约翰逊（Jack Johnson），曾是加尔维斯敦码头工人，后来成为拳击手。约翰逊在19世纪末还是少年时就在拳击界声名鹊起。1903年，他赢得世界"有色"重量级拳击冠军。虽然他曾对战过黑人及白人拳击手，但是和别的黑人拳击手一样，他也被禁止参加世界重量级拳击比赛。但是在1908年节礼日，在为比赛顽强斗争两年后，他打败了加拿大人汤米·彭斯（Tommy Burns），成为世界重量级拳击冠军。这可能是现代体育史上最有意义的单人竞赛。在于英国举办比赛的协商失败后，这场比赛改在了澳大利亚悉尼，这也说明了种族问题的全球意义。诗人克劳德特·麦凯依（Claude McKay）指出："美国没有黑人的容身之处，甚至是在体育方面。只有在名为私刑处死的美国运动中，黑人才是第一名。"约翰逊的获胜让人震惊，马上有记者呼吁"伟大白人希望"（Great White Hope）活动，要求剥夺他的冠军头衔。1910年，在强烈呼吁之下，已退休的前冠军詹姆·杰佛理斯（Jim Jeffries）出山，"仅仅是为了证明白人比黑人更强"。结果无济于事。比赛于7月4日在里诺举行，杰佛理斯在第 15 轮认输。全美 50 个城市的黑人社区举行庆祝活动，却遭到种族主义暴徒的袭击，导致 23 名黑人和两名白人丧生。约翰逊并没有让出他的冠军头衔，直到他 37 岁在哈瓦那比赛时于第 26 轮被杰希·维尔德（Jess Willard）打败。

约翰逊不是第一位黑人世界冠军。巴尔的摩黑人乔·甘斯（Joe Gans）于 1902 年赢得过轻量级拳击冠军。但是拳击运动中，重量级冠军才是至高的成就。拳击界最显赫的冠军头衔被一名黑人斩获，这挑战了当时的种族正统。在英国，新闻影片上约翰逊打败杰佛理斯的情形被认为是对帝国秩序的威胁。牧师迈耶（F. B. Meyer）在《泰晤士报》上抱怨道："当局明显很害怕这会影响到白人和有色人种之间的关系。当然，同样的情况不光在南非，还会在帝国的其他地方甚至全球重演。"约翰逊是一位非常勇敢的人，他追求的只是拥有同样名声的白人名人的生活。他为自己的天赋骄傲，认为不应该以种族为理由阻止他和白人女性交往。1912 年，他成为因违反《曼恩法案》（Mann Act）被逮捕的第一人。《曼恩法案》是一部反色情法，禁止州际之间"贩卖"妇女用作所谓的不道德目的，之后被用于诱捕查理·卓别林和查克·贝里。涉案的妇女，也就是他未来的妻子拒绝作证，导致该案被搁置。第二年，约翰逊再次被起诉，并被判决入狱一年零一天。为了保证让这位冠军被判罪，法官没有告诉陪审团被指控的罪行发生于《曼恩法案》通过之前。这名法官就是凯纳索·蒙顿·蓝迪斯（Kenesaw Mountain Landis）。1920 年到 1944 年，蓝迪斯是美国职业棒球大联盟的执行长，他任职的这几十年也是棒球领域执行吉姆·克劳政策的最后几十年。

约翰逊的成功影响了全世界，这是因为当时正值电影业的发展。约翰逊在全球各地参加比赛，同时因为新媒体的出现，上百万名不能现场观看比赛的观众可以通过影片看到他。他成为第一位全球体育明星。面对这样一个对现有等级制度的明确挑战，拳击机构亟待稳固帝国主义的种族秩序。1911 年英国内政大臣温斯顿·丘吉尔禁止了邦伯迪尔·比利·韦尔斯（Bombardier Billy Wells）和约翰逊的比赛。开普敦出生的"有色人种"拳手安德鲁·杰斐特（Andrew Japhet）于 1907 年赢得英国次中量级拳击冠军，也是 1948 年前的最后一位赢得英国冠军的黑人拳击手。这是由于在约翰逊胜利以后，当局制订"有色人种禁令"禁止黑人拳击手参加英国冠军赛。拳击本身成为一个竞技场，种族主义者幻想恢复白人优势——"伟大白人希望"。这一想法隐藏在表面之下，并很矛盾地和体育原始主义的消失一同出现。最重要的是，杰克·约翰逊成为骄傲的永久象征，不仅代表美国黑人，也代表所有在压迫下追求自尊和自由的人。哈莱姆文艺复兴运动诗人韦林·库尼（Waring Cuney）曾描述道："哦，天呐，如此美丽的清晨。哦，天呐，如此美妙的感受。看詹姆·杰佛理斯雪白的脸，被约翰逊打到天花板上。"同样庆祝的再次上演，是在 27 年以后。1937 年 6 月，乔·路易斯（Joe Louis）打败詹姆士·布莱多克（James J. Braddock）夺得世界重量级冠军。马尔克姆（Malcolm X）表示："这是这一代人见过的最大型的种族骄傲的庆祝活动。"

约翰逊的胜利开始动摇支撑种族主义的伪科学。在整个 19 世纪，种族主义理论家一直宣称黑人运动员懒散、缺乏毅力，所以比白人低等。这种解释的依据是，黑人来自炎热的非洲。但是随着约翰逊、重量级拳击冠军乔·路易斯（Joe Louis）和运动员杰西·欧文斯（Jesse Owens）成为体育界的王者，不到四十年后，种族主义走向了另一个极端。欧文斯在 1936 年柏林奥运会上历史性地获得四枚金牌，但是人们并没有因此认为种族平等，反而判断认为黑人运动员具有"天生"的竞技技能，因此在一些体力而非智力活动上占上风。现在大家认为，黑人出自非洲，所以比白人运动员更有优势。1948 年奥运会的美国田径教练迪恩·克伦威尔（Dean Cromwell）写道："不久之前，（黑人运动员的）跑跳能力决定着他们在丛林中的生死。"

这种态度的转变，不仅仅是对黑人运动员的胜利的反应，而且依然支撑白人智力优势的假说。这种情况也反映了美国和大英帝国黑人的经济状况。20 世纪 30 年代至 40 年代，美国北部对工业劳力的需求增长，而空缺往往由通过"大迁徙"从南部邦联过来的黑人来填补。在英国，西印度群岛的劳动力填补了 20 世纪 40 年代末期至 50 年代的劳动力短缺。1947年印度独立，标记着大英帝国开始没落。"二战"期间联盟国对纳粹种族政策的虚伪修辞，使黑人和殖民地人民的政治意识高涨，因此再难公开鼓吹种族排斥了。由于经济上的迫切需求、政治斗争，以及因为美国对"冷战"期间苏联批判美国种族主义的敏感神经，黑人逐渐得到了法律上的平等。体育方面，从公开歧视到法律平等（如非社会平等）的改变，体现在1947年杰基·罗宾逊（Jackie Robinson）代表道奇斯队在职业棒球大联盟赛事上出场——这是六十多年来第一位参加大联盟赛的黑人球员，1949年全国橄榄球联盟废除吉姆克劳政策，以及20世纪40年代末英国废除拳击界的有色人种禁令。

公开的种族排斥已经结束，但是旧式的种族等级制度依然盛行于体育界。直到20世纪60年代末期，除了种族隔离的南非以外，对黑人运动员的正式和非正式的种族排斥才结束。认为允许黑人参加棒球比赛即意味着体育界种族主义结束的人，会感觉失望。名人堂成员弗兰克·罗宾逊（Frank Robinson）在1956年加入辛辛那提红人队（Cincinnati Reds），并且倍感震惊。他说："加入职业棒球队之前，我对种族主义和偏执一无所知。"在职业生涯早期，利昂·瓦格纳（Leon Wagner）在格林斯博罗的小联盟比赛，当时他参加比赛时会面临携枪的种族主义者的威胁。直到20世纪后期，知名的美国体育赛事上很少有黑人投球手或四分卫。职业足球界也是同样的情况，至少在英语国家。在法国、葡萄牙和拉丁美洲，帝国和殖民地的隔离程度稍轻，黑人球员在20世纪早期已经参加高级别的足球赛事。乌拉圭的何塞·安德拉德（José Andrade）是最著名的，他参加了 1924 年的奥运会和 1930 年的世界杯决赛。然而即使能够上场，黑人运动员还是受到种族主义的限制。所谓的"决策"位置，比如足球的中场球员、橄榄球的中卫、四分卫和投球手位置，被认为凭黑人球员的智力无法胜任。而黑人群员被不合比例地大量分配在需要速度和力量的位置，使得种族主义者的刻板印象被不断确认强化，这就是被社会学家称为"叠加"（stacking）的现象。

19 世纪建立的现代体育中的种族等级制度没有消失。60 年代末期，穆罕默德·阿里（Muhammad Ali）、托米·史密斯（Tommie Smith）和约翰·卡洛斯（John Carlos）等黑人运动员的出现，使这一问题再次成为世界体坛的焦点。

第九章
足球的全球化

如果说这些人花钱只是为了看22个雇工踢一个皮球，那么小提琴不过是木头加弦线、哈姆雷特不过是纸张和墨水。

J. B. 普利斯特列，1929 年

20世纪初，欧洲知识界流传着一句谚语："一个英国人，只是傻子；两个英国人，是一场足球赛；三个英国人，就是大英帝国。"这是用来褒扬英国男性的，但很快事实就超出了这句格言的范围。1930年，在乌拉圭举办第一次世界杯足球赛时，只要有两个及以上的欧洲和拉美年轻男人聚在一起，他们就会来一场足球赛，或者至少会聊足球。

但足球成为世界上最流行的运动，却和正式成立之初的大英帝国没有什么关系。足球是19世纪后半叶体育革命的最大受益者，却是英国主要运动项目中最后一个在英伦三岛以外发展起来的。这可能是世界运动中最大的悖论。时至今日，在除了英格兰和苏格兰以外的英语国家里，足球依然不是冬季最流行的运动。

橄榄球是足球类运动中第一个从起源地扩散出去的。考虑到《汤姆求学记》在英语国家的风靡程度，这并不令人惊讶。这本书不仅是学童和校长们的初级读本，对于为英国在全球的统治地位正名，或试图赶超英国的人而言，这也是一个令人振奋的道德故事。比如，在澳大利亚墨尔本的有组织的橄榄球活动，就或多或少地受到了拉格比公学毕业的汤姆·威尔斯（Tom Wills）的影响。虽然后来的狂热爱好者声称维多利亚足球（后来的澳式足球）完全是在澳大利亚发展起来的，但实际上它的规则是从英国各种足球运动中借鉴而来。

19世纪80年代，在美国和加拿大各种基于网格式橄榄球场的足球出现，并成为主要的足球形式。加拿大式足球主管部门直到1967年以前，还自称加拿大橄榄球联盟，虽然加拿大足球已经和英式橄榄球几乎没有关联。冰球是加拿大无可争议的国民运动，而冰球早期的规则出自橄榄球（最初冰球不允许传球前进），很多早期的参与者也是橄榄球员，包括在19世纪70年代初确立第一套冰球规则的詹姆斯·克莱顿（James Creighton）。美式足球自认为是例外，但是它早期的大部分要素都能在英式橄榄球中找到，包括阻挡和进攻分段，直到1906年采用的传球前进。爱尔兰的GAA盖尔足球融合了英式足球和英式橄榄球的要素，还有间接证据表明它借鉴了澳式足球的规则。

不同类型的足球都没能在发源地以外地区的精英中流行。每种足球的名字之前都有国别名，这说明它们在其他地区缺乏影响力。一旦某一种足球开始流行，具备文化意义，民族认同和民族性随之而来，因此无意再去其他地区发展。另外，各国不同版本的足球，都被非英语国家视为"足球"这个英式运动的子集。英国是20世纪全球最强大的帝国，因此世界其他地区在研究运动时，往往注意的是英国，而非英国的殖民地。即使是美国体育运动的支持者，也心照不宣地同意这一观点。美国业余主义的积极支持者卡斯帕·惠特尼记者

（Caspar Whitney）、美国右翼政治家亨利·卡伯特·洛奇（Henry Cabot Lodge）都认为，体育是英语国家征服世界的重要因素。

相对地，由于足球运动和民族与区域认同的关系，其他国家的足球也很难挑战本国足球的地位，尤其是英式足球。为什么美国、加拿大、澳大利亚和新西兰没有英式足球，答案很简单。19世纪末，在英式足球正式成型之前，各种类型的足球都已经出现并获得大量观众。在19世纪90年代，美国大学橄榄球赛的观众甚至比棒球还多。在墨尔本，早在19世纪70年代，澳式足球赛的观众就已经上万。美式足球和澳式足球都很快和民族认同联系起来，并造成社会共鸣，引发对其他不成熟的足球形式从比较美学角度的探讨。虽然所有英语国家都有英式足球，但是在英伦三岛之外，除了在南非的黑人中，英式足球微不足道。

运动的民族文化认同也能够说明，为什么斯伯丁（A.G. Spalding）极力推广，棒球还是没能成为全球性运动。为了推广棒球，在1888年到1889年，斯伯丁在新西兰、澳大利亚、斯里兰卡、埃及、意大利、法国和英国组织了棒球巡回赛。虽然这次巡回赛汇集了斯伯丁敏锐的商业头脑、大众的广泛关注，以及名人堂球员安森队长（Cap Anson）和约翰·蒙哥马利·沃德（John Montgomery Ward），但还是失败了。在1914年以前，美国并没有能像大英帝国那样向世界推广体育的文化和道德框架，除了其殖民地和有特殊关系的发展中帝国日本以外。因此，棒球并没有形成英国运动那样的吸引力。

　　只有英式足球成为全球性运动，然而它的崛起并不简单，也不是注定的。今天的大部分历史学家认为，英式足球是由于其内在特质才能在全球发展。有人认为是因为英式足球是"完美的运动"。戴维·戈德布拉特（David Goldblatt）是最早的英式足球编年史作者之一，他曾表示英式足球的成功是因为"罕见的身体和艺术的平衡、瞬时反应和复杂战术的平衡"。然而运动和恋爱一样，情人眼里出西施，其他运动的狂热爱好者对自己的运动也有同样的感受。在诸如此类的美学探讨中，一般是先找出一项运动的优点，然后做出相应的论断。如此的说法并不符合历史事实。在 19 世纪 80 年代以前，英式足球和橄榄球之间的差别并不像今天这么大。普雷斯顿俱乐部和伯恩利俱乐部都曾轻松地从橄榄球转投英式足球，然后在 1888 年成为英国足球联赛的创始成员。

　　另一个同样错误的说法是，英式足球用脚踢而不用手传球，所以比橄榄球和别的足球类型更"自然"。这是反因为果。英式足球显得自然，是因为它十分流行、无处不在，这使大家更习惯英式足球而不是它更自然。事实上，英式足球是唯一一个不允许守门员以外球员手触球的运动，而且很多人认为英式足球只允许用脚踢的方法是创新的。20 世纪初，作家尤里·奥勒夏尔（Yuri Oleshare）向他住在俄罗斯的父亲介绍英式足球，他父亲觉得难以置信："他们用脚踢球。用脚踢球？这怎么可能？"事实上，英式足球的这种"不自然"或者说现代性，也提高了它的吸引力。

同理可以反驳所谓英式足球比其他运动"简单"的说法。因为只能用脚，所以英式足球很难掌握。另外，如果你曾经试图向他人解释越位规则，就知道英式足球的规则也不简单。所谓英式足球比较简单，是与现代的一些高度发达的足球相比，比如极其复杂的美式足球，而忽略了 19 世纪末所有足球的规则都比较简单的事实。英式足球的危险性也并不低于橄榄球式的足球。在 1894 年和 1907 年，英国医学协会（British Medical Association）主办的《柳叶刀》杂志调查了英式足球和橄榄球导致的伤病。两次调研都发现："所有证据都说明，运球时球员受伤的概率比手拿球更高。"

既然足球不是因为内在优势而在全球流行，那么到底是什么原因呢？

答案在 19 世纪末英国职业团体项目的发展中。在 19 世纪 80 年代之前的英国，橄榄球比英式足球更受欢迎。1871 年，当时最早的运动周刊《贝尔的伦敦生活》指出，自从 1863 年成立足协以来，"每一年，橄榄球俱乐部对足协俱乐部的优势都在拉开差距，不管是数量还是流行程度"。根据 1668 年 C. W. 阿尔科克的第一份足球年鉴，当年共计有 88 家"足球"俱乐部，其中 45 家为橄榄球俱乐部，30 家为 FA（英国足协）成员。一直到 19 世纪 70 年代末足总杯流行起来，FA 才开始发展壮大。虽然 FA 和 RFU 各自定义了运动规则，但是两种规则有很大重叠。很多俱乐部同时参加英式足球和橄榄球，或者两者的混合式运动，甚至俱乐部自己发明的变种。在

19 世纪 70 年代末至 80 年代初，通过联盟杯竞赛的区域对抗，两种形式的足球都有了更广泛的社会影响，因而推动了运动的商业化、促使英式足球和橄榄球完全规范化并相互分离。

到了 1880 年，在曼彻斯特、利物浦、利兹、伯明翰、加的夫、格拉斯哥等英国的主要工业城市，工人阶级开始对英式足球和橄榄球感兴趣。在这些人口汇聚的大城市，两种足球运动都开始融入大众商业娱乐中，并有谣传称工人运动员是收费打球。一般认为费格斯·苏特（Fergus Suter）是第一个收费的球员，1878 年他离开苏格兰，加入兰开夏的达尔文俱乐部（Darwen FC）。一年后，橄榄球员泰迪·巴特拉姆（Teddy Bartram）加入约克郡的韦克菲尔德三一俱乐部（Wakefield Trinity），并获得每年 52 英镑的丰厚收入。在英式足球领域，对球员薪酬的担忧在 1884 年达到顶峰。普雷斯顿队（Preston North End）在足总杯中对战伦敦的中产阶级"绅士"俱乐部厄普顿公园队（Upton Park），双方以平局告终，但厄普顿公园队抗议普雷斯顿队使用职业球员。FA 没有找到确凿的证据，但是确实发现普雷斯顿队为球员安排工作，于是取消了该队参加足总杯的资格。普雷斯顿队坚称自己的做法没有问题，北部和中部的另外四十家俱乐部也表示支持，并且威胁要成立"英式足球协会"（British Football Association）。面对可能分裂的风险，FA 决定妥协。1885 年 1 月，FA 投票批准在严格控制的前提下进行职业化，该做法借鉴了板球职业化的模型。

英式足球的公开职业化，对橄榄球有极大的影响。如前文所述，RFU 密切关注英式足球的演化，并警觉起来。在英式足球职业化不到两年后，RFU 认定 FA 的职业化失败，并宣布橄榄球将坚持完全的业余化。所有的职业化做法都会被严厉惩罚，球员和俱乐部遭到禁赛或驱逐，最终在 1895 年造成了橄榄球的分裂。"英式足球狂热"正式在此期间席卷英国，而 RFU 的做法也使橄榄球分裂成联合会和联盟两家。橄榄球联盟紧随英式足球的步伐，批准了职业化，而联合会则坚持了整整 100 年的业余化，直到 1995 年才完全放弃。联合会橄榄球以小众化为荣，而联盟橄榄球问世太晚，无法从工业化腹地传播到其他地区。出于自身选择和环境限制，这两种橄榄球都没能匹敌英式足球。

职业化改变了英式足球。最直接的变化是，以公校和大学球员为主的球队再也不能打入足总杯决赛。英式足球的天平坚定地偏向了以工人阶级职业球员为主、以商业盈利为目的的俱乐部。这个做法使联赛得到了广泛的接受。事实上，业余主义的运动管理者一直反对联赛，认为联赛强迫俱乐部和社会阶层不匹配的对手比赛。1888 年，由英国北部和中部的顶尖职业球队组成的英国足球联盟（Football League）成立。不到十年后，几乎所有英国的英式足球队都加入了这个联盟。

在业余化运动中，俱乐部根据社会地位来选择球员和对战球队，而职业化和联赛制度使英式足球开始择优录取。虽然球员受到社会地位和教育背景的限制，但英式足球还是成为了体育界"唯才是用"的代表。在联赛制度下，俱乐部的地位由比赛成绩来客观决定，而非按社会阶层划分。国际足球联盟（Fédération Internationale de Football Association，FIFA）主席、世界杯的创始者儒勒·雷米（Jules Rimet）后来写道，足球"让人们相聚、平等"。英式足球放弃了基于社交和休闲网络的、非正式不成文的业余主义，发展出了正式的、书面的客观评价体系。这和业余化运动形成鲜明对比。非正式的严密社交网络，对英国中产阶级男性的文化至关重要。业余主义和"绅士规范"将非正式的共识置于正式的程序之上，公校出身的中产阶级也总是把精神看得比法律条文重要。因此，在业余主义的框架之下，懂得隐含的不成文习俗的内行比只了解白纸黑字的外行更占优势。

然而职业化给英式足球带来持续竞争和精准的评估、用市场需求代替私人关系，这些对资本主义经济至关重要。**职业英式足球和美国职业棒球的文化，是资本主义世界在娱乐业的摹本，它们体现了资本主义迷思中的公平竞争、法律面前人人平等和仅凭实力取胜的观点。**在英式足球的九十分钟或棒球的九局里，资本主义社会中的人生启示被生动地排演了一遍。胜者为王，败者碰壁。

职业化再一次强调了激烈竞争，改变了英式足球的打法。受过公校教育的球员，打法完全不同。他们以身体暴力为荣，推搡是他们的标志。正如科林斯蒂安俱乐部的一位 19 世纪 80 年代的球员所说：

> 我们的带球前锋运球到对方前卫的位置上，把他撞翻了，然后用同样的办法处理了后卫和守门员。我们通过这个方法，在二十分钟里进了四个球。

工人阶级的球员，平时的工作都需要大量体力。而中产阶级的球员平时静坐居多，所以需要用最激烈的方式来展现雄性阳刚。工人阶级球队一般是以个人控球为主，过人是最后的手段。当来自工业地区的球队和中产阶级对战时，他们往往惊讶于对方的暴力程度。职业球员的打法比较平和，通过球员间"短传配合"来把球运到前场，这种打法更"科学"。

"科学"是老式英式足球和新式英式足球之间的主要区别。它不仅反映了职业球队的打法特征，也表现了形成职业足球的社会阶层背景。职业足球的出现，与英格兰北部和中部工业区的职业俱乐部的下层中产阶级管理者密切相关。这些人推动了职业化，创造了联盟。比如，普雷斯顿队的威廉·苏代尔（William Sudell）是一位厂长兼会计。布莱克本流浪者队（Blackburn Rovers）的创始人约翰·刘易斯（John Lewis），是造火车发动机的工人。阿斯顿维拉队（Aston Villa）的主席、英国足球联盟的主要推手威廉·麦格雷格（William MacGregor），是一个店主。博尔顿队（Bolton Wanderers）的秘书长、英国足球联盟的主席约翰·本特利（John Bentley），是一名记者。他们是开明的中产阶级，希望用科学的原则来参与和组织英式足球运动。他们对足总杯、联赛、球员与球队间充分竞争的热情，反映了他们对享有应有的机会、摆脱上层束缚的要求。

公校毕业生在此前一直控制着英式足球、当时还仍然控制着橄榄球，而下层中产阶级代表了一股迥异的势力。英国足协和橄榄球联合会的领导人大部分来自上层中产阶级，从事律师、会计、医生、牧师、高级公务员等职业。在 19 世纪中期，上层中产阶级开始巩固自己的社会地位，成立法律认可的组织来控制行业的从业资格，将他们认为不合适、有威胁性的人排除出去。在工作中，他们和在运动中一样，支持竞争，但是要求维持自身的社会阶层和稳定。他们支持以竞争决定地位，但是竞争的程度不能危及他们的地位、不能破坏社会秩序。当工人阶级侵入"他们的"运动时，他们用业余主义加以抵抗，以维护上述的矛盾观点。RFU 的领导人完全没有兴趣将橄榄球推广到大英帝国中产阶级以外的区域。

职业英式足球的领导者思想也许更为狭隘，他们只关心俱乐部和最相关领域的福利。他们的狭隘程度，不低于美国职业棒球大联盟。英式足球的职业化变革，使得英式足球脱离了英国中产阶级管理者，虽然不是在当时实现的。现在出现了一套永久性的、客观的管控规则。虽然英式足球还是由同一批人领导，但是这种控制不再绝对化，而是转由独立的规则来控制。现在，英式足球和英国民族文化之间是一种有条件的关系，而不像橄榄球那样。不效忠大英帝国的人，也可以踢英式足球。

将英式足球带到海外的，主要是和足球联盟创始人一样的商业和技术类中产阶级。把英式足球带到德国的，是英国的商人、实业家和工程师，还有普雷斯顿、布莱克本、博尔顿等英格兰北部城市的纺织厂的销售代表。在巴西开展英式足球的，是英国的煤气和铁路工程师。这与橄榄球形成了鲜明的对比。不管橄榄球在何处上演，它都是英国的象征（法国除外，虽然法国人玩橄榄球也是为了赶超大英帝国）。英式足球成为了贸易和沟通的桥梁，让英国和非英语国家建立起商贸关系。将英式足球带到英国以外地区的年轻人，大多出自技术性和管理类中产阶级。在法国、德国和瑞士，英式足球成为商学院、工学院和理工专科学校的主打运动项目。它具象了克里斯·杨（Chris Young）的说法：

> 新形式的体育，促进了城市中产阶级的发源，他们的活动得到了高阶人群的喜爱。技术员、工程师、销售、教师和记者等人，因为缺乏资格证和大学文凭，所以个人发展和职业发展的通道被堵死了，但他们从运动中发现了社交的新渠道。

几乎所有欧洲和拉美的英式足球俱乐部，都是由亲英派人士创建的，但是他们所崇拜的是自由与现代的资本主义英国，及其法律和政治体系。亲英的伏尔泰崇拜的是代表现代自由的未来的英国，而保守亲英派的顾拜旦男爵所崇拜的是英国的传统和等级制度。英国足球联盟的领导者几乎病态地忽视"海外"，但是由于英式足球的职业化文化，他们并不能阻止 1904 年 FIFA 在巴黎成立。FIFA 成立后，英国很快被边缘化，英式足球在非英语国家蓬勃发展。FIFA 不需要依附于 FA 或英国足球联盟以维持正统性，英式足球可以独立于英国管理者了。在橄榄球和板球上，则没有这种效果。英国人尤其是英格兰人，严格把控着橄榄球和板球的国际赛事，直到 20 世纪的后半叶。

20 世纪 20 年代，欧洲和拉美像维多利亚时代后期的英国一样，开始了英式足球成为大众运动的过程。但是在这里，业余主义是一个小问题，全面职业化毫不费力地得到了推广。事实上，很多欧洲和南美协会所秉持的业余主义，在英国人看来并不是真正的业余主义。比如，很多英国人认为奥运会并不是真正的业余主义组织。基于这种观点，英国在 1930 年举办了第一届大英帝国运动会，也就是后来的英联邦运动会。很多欧洲国家允许支付"误工费"，以补偿请假的工资损失。在英国，这种行为是被业余主义者谴责的，也正是误工费问题造成了 1895 年橄榄球的分裂。英国人为了在橄榄球上坚守业余主义原则，创立了复杂的纪律和处罚体系。只要为橄榄球联盟出赛一场，无论是否受薪，都会被橄榄球联合会永久禁赛。但这种体制并没有在英式足球上重演。FIFA 举办世界杯的一个理由，用 FIFA 秘书长亨利·德洛内（Henri Delauney）在 1926 年的话来说就是，"今日的国际英式足球，不能再受限于奥运会的约束"。当时，奥运会是国际英式足球的高峰，但是由于其秉持业余主义，所以已经职业化的国家不能参赛。

基于这一表态，1930 年在乌拉圭举办了第一次世界杯足球赛，英式足球最后的英国血统被颠覆了，从此，英式足球成为了一个真正的全球体育项目。

第十章

第二次革命：两次世界大战之间的运动

体育，让人们一再体验着战争游戏的吸引力，还有国与国之间对抗的亘古震撼感……这并不是人们好战本能的无害发泄。

塞巴斯蒂安·哈夫纳，2002 年

1914 年 8 月，真实的战争来临，体育思想家看到的是什么？欧洲的统治者让世界陷入长达四年的帝国主义屠杀中，没有人比在公校接受过责任与服从的体育教育的欧洲青年更热血。整个欧洲的年轻人都认为，现在是"加油，加油，公平竞争"的时机。法国《公路自行车》报刊唾沫横飞："恺撒消失！阿加迪尔消失！吸血鬼消失！噩梦消失！混蛋消失！"英格兰橄榄球联合会的队长罗纳德•波尔顿 - 帕尔默（Ronald Poulton-Palmer）对父母说："德国该被狠狠打败。"诗人鲁伯特•布鲁克（Rupert Brooke）毕业于拉格比公学，是狂热的橄榄球球迷。他的诗歌《死亡》（*The Dead*）描述了那些认为体育是"大比赛"的准备工作的人的想法：

> 再一次，秉承着高贵
> 以我们的不朽的传统

他不是唯一一个热衷参军的人，也不是唯一一个无谓牺牲的。

1914 年至 1918 年间这场血腥的灾难改变了工业化世界中的体育的面貌。一开始在英语国家和亲英国家之外，体育只是中产阶级的小众爱好，但是战后却成为一种商业、文化和政治现象，在欧洲、拉丁美洲和亚洲吸引了数千万人的目光、引起各国政府和政治家的注意。

体育界发生了第二次工业革命，这是媒体技术的发展带来的。与过去一样，报纸行业的商业发展有利于体育的推广宣传。20 世纪 20 年代报纸读者人数继续增加，报纸业发生了合并潮，并因为规模经济和技术创新而获益。20 世纪 20 年代初早期的传真电报技术使照片可以通过电报线路传输，日报可以即时刊登体育赛事的现场照片。20 世纪 20 年代后五年，35mm 的商业相机和闪光灯的出现大大提高了运动摄像的水平。如果说火炮筒里出政权，那么众多莱卡相机镜头里涌现的则是名流。如果没有新闻摄影，巴比·鲁斯（Babe Ruth）、杰克·登普西（Jack Dempsey）、苏珊娜·兰格伦（Suzanne Lenglen）等第一批体育超级明星只能略有名气。

但是报纸行业第一次有了对手——广播。公共广播在战后突然出现，到 1925 年，所有工业化国家都已拥有无线电网络。正如同报纸行业的关系一样，体育成为这个新媒体吸引观众、市场营销和业务的必要部分。但不仅如此。无线电的即时性是报纸无法比拟的。1921 年 7 月的世界重量级拳击卫冕赛，杰克·登普西（Jack Dempsey）对战乔治·卡尔庞捷（Georges Carpentier），几百万美国人通过收听广播感受到了拳击的现场气氛。这是史无前例的，如果不是广播，只有身处泽西城运动场的 91 000 名观众才能有此感受。更令人惊奇的一幕发生在两年后，几万名布宜诺斯艾利斯人收听了路易·安格尔·费尔波（Luis Angel Firpo）对战卫冕冠军登普西的比赛，费尔波攻势凌厉但最终失败了。布宜诺斯艾利斯距离拳击现场保罗运动场（Polo Grounds）5 300 英里。20 世纪 90 年代出现的新闻影片也清楚知道体育尤其拳击队观众的意义，但是在现场参与感和气氛方面，都不如广播的直播节目。报纸让体育明星家喻户晓，但是无线电却能让每户人家身临其境，在每个家庭上演大型体育赛事这一出无剧本戏剧。

与电影和流行音乐一样，体育是工业时代一种新的娱乐形式，让大众感受各种情绪。和好莱坞电影一样，体育让观众有了胜利或失败的情绪的集体发泄，这一切只需要一个下午。20 世纪 20 年代起，因为广播和后来的电视乃至卫视直播，不在体育馆的人也能有同样的体会。体育的独特之处在于提供定期的集体体验——几百万美国人每周观看足球和篮球比赛，这是一个真实而非虚拟的社区，有共同的记忆和习俗、同样的当地情感、民族骄傲甚至阶级认同。

这种模式在美洲、欧洲和日本复制。在 20 世纪 20 年代中期，在魏玛共和国革命后的短暂平静中，德国年轻人中兴起了一场浪潮，被当时居住在柏林的年轻德国作家塞巴斯蒂安·哈夫纳称为"体育热潮"。英式足球的观赛人数激增。网球和拳击，包括女子拳击都成了大众日报的主题。20 世纪 30 年代，在日本，广播使得棒球运动从一项爱好一跃成为全民宠儿。在某些方面，第二次体育革命在没有经历过 19 世纪 90 年代至 20 世纪头十年第一次体育革命的国家更明显。在这些国家，大众体育的出现正好伴随着君主政治的瓦解以及现代技术、文化和政治的突然出现。体育是令人震惊的新事物中的一种，这种情绪表现在了现代派画家的作品中，如罗伯特·德洛内（Robert Delaunay）的《足球》（*Football*，1917），毕加索（Picasso）的《海滩上的足球运动员》（*Footballers on the Beach*，1928）、维利·鲍迈斯特（Willi Baumeister）的《足球运动员》（*Fussballspieler*，1929）。

体育和现代主义之间的社会和艺术性关联，在第一次世界大战前不久即已显现。翁贝托·博乔尼（Umberto Boccioni）的《一个足球运动员的活力》（*Dinamismo di un footballer*，1913）是第一幅以此为主题的大作，反映了意大利未来派艺术家对运动的狂热。1914 年，未来主义的奠基人、后来的法西斯分子菲利波·托马索·马里内蒂（F. T. Marinetti）抨击英国艺术，并主张"体育是艺术的重要组成部分"。他尤其热衷于赛车：

> 这种新的美，这种速度的美，让这个美丽的世界更加丰美。赛车，其发动机盖盘旋着排气管，就像发出电流呼吸的蛇。……我们歌颂坐在方向盘后的人，足迹踏遍地球，以令人窒息的速度驰骋在赛道上。

这样的狂热者还有很多。19 世纪 90 年代，法国开始出现赛车运动，并获得汽车厂商的大力支持；和自行车厂商一样，汽车厂商利用赛车来宣传产品。和自行车赛一样，第一场赛车是由报纸组织的，《小日报》于 1894 年组织了第一场赛车。1899 年，《纽约先驱报》（*New York Herald*）的老板詹姆士·戈登·贝内特（James Gordon Bennett）为法国汽车俱乐部（Automobile Club de France）的年度比赛提供奖品，这就是后人熟知的汽车大奖赛（Grand Prix）。法国大奖赛于 1906 年在勒芒第一次举行，很快，赛车成为了魅力、危险和社会地位的象征。赛车在 20 世纪 20 年代进入全盛时期，赛车道遍布欧洲大地，设立了很多著名的大奖赛：意大利（1921）、西班牙（1923）、比利时（1925）、英国和德国（都在 1926）。

赛车成为欧洲上流社会夏季生活的一部分，法国和意大利的旅游胜地都会举办一些小型赛事。在两次世界大战之间社会分化的年代，赛车运动同时代表着战前精英阶层的重现和现代科技，象征着赛车手的男性英雄形象。这种三联画形象同时也是法西斯主义思想的一部分。20 世纪 30 年代，意大利和德国主导着赛车运动，这在很大程度上是由于政府的支持。自由民主国家的法西斯支持者们也强调了这种关联。例如，1934 年马尔科姆·坎贝尔（Malcolm Campbellbroke）打破陆地极速的世界纪录时，他的蓝鸟车上就插着英国法西斯联盟的旗帜。

但是 20 世纪 20 年代的技术革新仅仅是提高体育流行度和重要性的工具。不能解释为什么在这个时期，数百万人将体育视为生命中的一部分，并第一次对体育产生了深刻的兴趣。更全面、更深层地来说，我们认为第一次世界大战后体育的崛起有三个主要的原因。第一个原因是战争本身的效应。最基本的，参战国的军事机构发现体育可以有效地在战争中维持士气、避免士兵无聊。对于来自大型工业城市以外地区的新兵来说，这是他们首次接触到现代体育。在这场大屠杀中幸存下来的士兵，继续对体育赛事保留着强烈爱好。

最大的受益方是英式足球。战争爆发时，英国极端爱国主义者发起运动反对职业英式足球，认为这是不爱国的表现、使得最健壮的青年不能应征入伍。但是当局很快意识到，英式足球活动易于组织且有助于锻炼身体。到 1918 年，欧洲和北非的同盟国军队中形成了无数的英式足球比赛机制。十年后，几乎所有的欧洲国家都拥有一支精英英式足球联盟，吸引着数百万名的观众。1920 年到 1925 年，法国的英式足球俱乐部的数量从约 1 000 家发展到 4 000 家。欧洲大陆其他国家的发展趋势也差不多。1930 年，乌拉圭主办了第一届足球世界杯赛，此时英式足球确实成为了工业化国家在冬季最流行的体育运动。英式足球如此成功，部分原因是英式足球提供了其他运动无法比拟的象征意义——1914 年圣诞节非正式休战期间，英国和德国军队在无人地带进行了非正式比赛，这几场比赛被人们加以各种想象。英式足球代表了和平和国际友谊，与之相对的，橄榄球联合会、美式足球和欧洲民族体操运动等则象征着军国主义。实际上，儒勒·雷米认为国际足联的作用相当于国际联盟（League of Nations），并且比后者更成功。

英式足球在欧洲的崛起并不是毫无争议。手球从捷克和丹麦的类手球游戏中演化而来，在 19 世纪 90 年代规范化，战后在德国迅速发展，并被体操支持者大力推荐作为盎格鲁 - 撒克逊体育的替代品。20 世纪 20 年代，手球开始在欧洲迅速散播，但是完全无法阻挡英式足球的势头。20 世纪 50 年代，瑞士球迷仍然在推广手球，认为它比英式足球更适合学生。欧洲体育参赛形式的发展与英语国家不同，它一般以俱乐部结构为基础，主要起源于体操运动，而体操运动的组织形式则借鉴自德国体育协会、索科尔等军事和民族主义俱乐部。相对的是，英国和美国的体育模式不是来自职业俱乐部，而是来自用体育推动道德教育的中学和大学。

体育迅猛发展的第二个原因是资本主义世界对 1917 年俄国十月革命的反应。19 世纪后期出现了"福利资本主义"，向工人提供体育和娱乐设施以建立管理层和工人间的团队合作精神。"一战"后横扫欧洲的布尔什维克革命和动乱加剧了这种趋势。法国的统治阶级更强烈地意识到了社会颠覆的风险，因此大厂商在 20 世纪 20 年代建造了各种体育设施。汽车厂商及其商业同盟是这方面的先锋，如雪铁龙、标致、雷诺和米其林。安德烈·雪铁龙（André Citroën）表示："我坚定地倡导体育。我将会尽我所能推广体育，并希望能够受到工人的欢迎。"石油巨头（后来的道达尔）的董事厄内斯特·梅西埃（Ernest Mercier）创立《肌肉》报，致力于实现工业效率和社会和谐。在日本，1920 年横扫全国的罢工浪潮过后也出现同样的趋势。八幡钢铁公司的工人罢工要求每天 9 小时工作制，此后该公司开始举行公司棒球赛。到 20 世纪 20 年代中期，几乎所有的日本大型公司都拥有一支棒球队，代表公司参加公司间联赛。20 世纪 20 年代的意大利，公司提供体育赛事和体育设施的风潮盛行，菲亚特、阿尔法·罗密欧和倍耐力等企业争先恐后地建造体育馆，为叛逆的工人提供运动场地。而在英国，企业组织的球队、联盟和杯赛遍地开花。伯明翰米切尔·巴特勒啤酒厂（Mitchell & Butlers）的代表这样写道："渴望发展、追求自身利益最大化的企业，不能承担忽略员工福利的后果。健康意味着可以好好工作，娱乐意味着健康和愉悦，福利是繁荣最贴切的同义词。"

这股潮流对女性参加体育运动尤为重要。工人阶级的女青年第一次有机会在教育机构以外的地方参加体育运动。战争期间，几百万名男性工人离开工厂奔赴前线，女性工人接替了他们的工作。弹药等军事工业的工厂的工作时间相当漫长，因此企业开始为女工提供福利和娱乐设施。在英国和法国，英式足球成为数千名女工在工作中的特色。棒球则在美国起到了相同的作用。普雷斯顿市迪克·克尔女子足球队等球队成为当地名流，筹集了数万镑的战时善款。1917 年至 1921 年，英国各工业区举办了各种地方性杯赛和联赛。然后在 1921 年12 月，为了将女性赶出工厂，使其重拾妻子和母亲的"角色"，英国足协禁止会员俱乐部向妇女提供运动场地，使女足运动边缘化直到 20 世纪 70 年代。在民族危机的时代，足球管理机构将女性参赛视为赏心悦目，但是一旦恢复常态，足球再度成为男性的天下。

在其他运动中重建男性霸权，并没有英式足球中那么容易。布尔什维克的苏联的表率，引发全世界对社会和娱乐风俗的质疑。1922 年一名德国女拳击手质疑："别国的女性甚至可以当选议员，为什么我们不能参加拳击？" 1920 年，迪克·克尔队和一支巴黎的女足队展开了四场系列赛。法国队的组织人是爱丽丝·米利亚特（Alice Milliat），她是一名划船运动员，同时也是 1917 年在法国成立的女子体育协会联盟（Fédération des Sociétés Féminines Sportives）的主席。英式足球之外，该联合会还组织室内曲棍球、篮球、游泳和田径等女子比赛。1921 年 10 月，米利亚特领导成立了国际妇女体育联合会（Fédération Sportive Féminine Internationale，FSFI）。该联合会的一个目标是举办田径类女子奥运会。对于明确反对女性体育的国际奥委会来说，这是直接的挑衅。顾拜旦立场坚定地表示 "女子体育竞赛协会是件坏事，这种竞赛不应该纳入奥运会……重建奥运会是对男性运动员高雅肃穆的颂歌"。

国际妇女体育联合会在 1922 年成功举办了第一届女子奥运会，迫使国际奥委会重新考虑其立场。不是因为国际奥委会这个贵族绅士俱乐部变得开明，而是因为害怕女性体育脱离他们的控制。1923 年，国际奥委会建议其关联组织管理女性体育，以防"滥用和过分运动"。在 1928 年的阿姆斯特丹奥运会上，奥委会最终同意增加女子田径比赛，但是只有五个项目，而且最长的赛跑不过 800 米。哪怕对于温和派的英国人而言，这也过于严厉了，因此英国女运动员没有参赛。在 20 世纪 30 年代，女性在运动中的参与增加了，但是对女性体育控制权却被削弱了。国际妇女体育联合会被国际奥委会的阴谋所瓦解。体育教育是由玛蒂娜·贝里曼－奥斯特贝里等女性创立的，在"一战"前也主要由女性执行（例如，1903 年 80% 的美国体育专业毕业生为女性），但是到 20 世纪 30 年代，这个学科成为了男性的天下。

女性没有大规模参加体育运动，女性的体育休闲也被一些所谓健美组织所主导。比如，英国女性休闲就由妇女健康和美容联盟主导，该联盟强调健身是为了更好地完成母亲和妻子的责任。当时的一首流行歌曲唱道："美丽是你的责任。"德国和日本倡导女性体育，明确是为了改善种族遗传。"现代女性都该是运动员。"纳粹女子组织德国少女联盟（Bund Deutscher Mädel）的手册上有这么一句话。1937 年，为了欢迎希特勒青年团访问日本，东洋藤村在《女子体育教育》（*Women's Physical Education*）一书中写道："我们要让女性成为诚实刚健（绅士风度）的运动员，因为她们是未来的母亲和教师。"女性在体育方面的成就，也并不代表女性的解放。维奥莱特·古尔戈－莫里斯（Violette Gouraud-Morris）是 20 世纪 20 年代多才多艺的法国女运动员，参加过奥运会、国际足球赛、自行车赛和拳击，并且于 1927 年赢得 Bol d'Or 赛车24 小时耐力赛。她最后成为法西斯分子，是战时法国盖世太保中最臭名昭著的刑讯者。

在兵役和俄国革命对社会关系的影响之外，两次世界大战之间体育崛起的第三个原因是战后欧洲的新政治结构。战争结束时，欧洲大部分的君主政体被瓦解，中欧和东欧出现很多新国家。这些国家和邻国往往使用相同的语言和文化、存在领土争议，他们希望形成自己的民族认同、与邻国有所区别。因此，原哈布斯堡王朝分裂后成立的国家——奥地利、匈牙利、捷克斯洛伐克和南斯拉夫——推动了两次世界大战之间的欧洲足球的国际发展，组织了中欧杯（Mitropa Cup）、中欧国家杯（Central European Cup）等欧洲杯赛，这是欧洲锦标赛的前身。这些国家也是欧洲职业足球的先驱。出于相似的精神，墨索里尼的法西斯帝国热切地推广体育，试图巩固意大利的国际声望，并于 1934 年同时举办了足球世界杯和第一届欧洲田径锦标赛。

体育是国家建设的理想文化媒介，具有双向、简单和普及的特点。双向是指体育强调"我们"对战"他们"。简单是指不需要专业文化知识就可以理解对地区队和国家队的忠诚。而普及则是指体育不光能联合一个团队或运动员背后的所有阶层，还能让个体作为参赛者或观众参与国家体育项目。在体育这个金字塔中，每个人都可以成为国家队的成员。这不是虚拟的国家：穿着国家队服的十一个足球球员和奥运会运动员，仅仅是民族文化和结构的焦点，而民族文化和结构包括了每一位社会成员。即使存在布尔什维克革命的威胁和阶级冲突，每一位社会成员仍然都一直希望实现国家统一、反击民族和宗教竞争。塞巴斯蒂安·哈夫纳根据其年轻时在魏玛共和国的经历写道："体育，让人们一再体验着战争游戏的吸引力，还有国与国之间对抗的亘古震撼感……这并不是人们好战本能的无害发泄。"

体育管理者是这一进程的积极、主动的参与者。卡尔·迪穆（Carl Diem）通过极其灵活的手段，成为希特勒统治之前、期间、之后的德国奥林匹克运动的领导者。他表达了纳粹对于体育价值的看法："对于我们来说，体育让男人成为善战的士兵，让女人能够生育。"这种观点并不局限于德国右翼势力。盎格鲁－撒克逊体育赛事的最高层也将体育和军国主义做了如此的联系。1921年，英国橄榄球联合会的秘书长罗兰·希尔表示：

> 未来的数代人将带着高昂的情绪参与英格兰的大博弈。他们尊敬和热爱这个国家，一旦国家需要，他们时刻准备为国捐躯。

诚然，环法自行车赛的诞生，是因为《自行车报》（Le Vélo）主笔的反对者持有反犹太思想，这些反对者另外创办了一份报纸，并举办了后来的自行车赛。两次世界大战之间的年代再一次证明，现代体育与民族主义、保守主义密不可分，这意味着现代体育不可避免地与军国主义相联系。有些时候甚至更严重。

1933 年 6 月 2 日，希特勒在德国掌权四个月后，纳粹教育部长伯纳德·鲁斯特（Bernard Rust）要求所有体育协会驱逐犹太人。当时，很多德国体育组织早已经驱逐了犹太人。两个月前的 4 月，足球、拳击和网球联合会都已经开除了犹太人会员。5 月份，德国体育协会取消了 20 000 名犹太人的会籍。卡尔斯鲁厄（Karlsruhe）、纽伦堡（Nürnburg）和法兰克福足球俱乐部（Eintracht Frankfurt）等足球俱乐部，甚至等不及足球联合会的官方命令就开始开除犹太人会员。除了少数人，体育组织对支持纳粹政权没有任何愧疚感。其他国家也没有表现出反对纳粹政权的意向。1935 年 12 月，德国国家足球队抵达英格兰参加国际友谊赛，这场比赛挑衅地安排在托特纳姆热刺俱乐部，该俱乐部一直以拥有大量犹太人球迷而著称闻名。1938 年，在外交部的鼓励下，英格兰队在和德国队的柏林比赛开幕前，列队鼓掌感谢纳粹举办这场比赛，球员对此举并无反对。

这场英德比赛在奥林匹克体育馆举办。该馆在 1936 年见证了体育与纳粹意识形态最显著的结合。1936 年奥运会的官方记录，一直表示希特勒为了政治目的而"劫持"了这场奥运会，但事实上国际奥委会非常乐意合作。国际社会发起运动，谴责纳粹政权迫害犹太人、吉卜赛人和工人运动，要求抵制 1936 年奥运会。国际奥委会完全无视这些批评的声音。国际奥委会主席、比利时贵族亨利·德·巴耶－拉图尔（Henri de

Baillet-Latour）宣称："我们不会受这种政治煽动的影响。这种煽动完全是政治性的，本质就是故意挑衅，其虚伪性很容易被揭穿。"有人质疑国际奥委会的同情心，对此奥运会通讯稿援引希特勒关于体育的讲话说："体育这种骑士竞赛能引发人性中的至善。体育让对立双方相互理解、相互尊重，从而团结一致。体育还能巩固国家之间的和平。愿奥运圣火永不熄灭！"

很多体育和体育教育的领袖将柏林奥运会视为效仿的模范。顾拜旦本人曾表示 1936 年奥运会是历史最佳。芝加哥的生理学教授、后来的美国体育研究所所长亚瑟·施泰因豪斯（Arthur Steinhaus）在 1936 年奥林匹克体育大会上发表题为《身体教育的科学》的演讲，其中他称希特勒为"德国人民最伟大的领袖"，并引用这位领袖的演讲词来结束他自己的演说。与其他国家一样，英国也忽视了柏林奥运会的政治性质。哈罗德·亚伯拉罕斯（Harold Abrahams）在英国奥委会的官方报告中表示："毫无疑问是一场盛况空前的体育盛宴，为年青一代的健康和国际和平作出了巨大贡献。"亚伯拉罕斯本人是犹太人。对于很多体育界人士来说，这种荣耀甚至持续到了战争爆发前。1939 年 3 月，英国顶尖体育学院拉夫堡学院（Loughborough College）的竞技、竞赛和体育院的院长韦伯斯特（F. A. M. Webster）上尉称赞 1936 年奥运会为"有史以来最伟大的运动界的胜利"。他写道："古希腊的辉煌，今日在德国再次上演。运动场过去是、现在还是年轻人勤奋训

练和比赛的地方，年长者敏锐关注和温和锻炼的地方。"国际
奥委会的狂热也没有消退。1939 年春天，国际奥委会将 1940
年冬奥会的举办权给予德国的加米施 - 帕滕基兴，与 1936 年
冬季奥运会同一地点。

体育的"深度政治性"从未被如此彻底地揭露和利用。

第十一章
革命中的体育

资产阶级的体育只有一个清晰的目标：愚化人民。……在资本主义国家，运动被用来制造帝国主义战争的炮灰。

马克西姆·高尔基，1928 年

在20世纪20年代至30年代，欧洲的数十万工人阶级男女观赏和参与了运动。国际竞赛的目的很明确，是为了瓦解国家之间的竞争。女性也不受歧视地参与到运动赛事中来。法兰克福、维也纳和安特卫普的大型体育赛事吸引了数万人，观众和运动员的人数都高于奥运会。但这些活动并不是基于商业或道德教化的目的。这是一场基于社会主义和工人运动的体育文化，目的是取代商业化和业余化体育模式中的民族主义、男性沙文主义和超竞争。

由于社会主义和工会运动高涨、工人阶级缺乏运动设施，欧洲工人体育运动兴起了。德国社会民主党（German Social Democratic Party，SPD）和1914年以前的欧洲工人运动提供了模仿的范式。德国工人体育运动是从左翼的体育协会运动发展而来的。1848年民主革命失败后，德国体育协会分裂成为了弗里德里希·杨（Friedrich Jahn）支持的君主立宪派和激进民主派。很多激进派移民去了美国。到19世纪90年代，认同杨的人更加右翼、更加反犹太，将黑红金三色的自由主义国旗换成了黑红白的帝国主义军旗。SPD于1863年成立、1890年合法化，受到SPD发展的启发，工人体育运动联合会（Arbeiter Turn-und Sportbund，ATSB）在1893年成立。

1900 年 ATSB 有 37 000 名会员，到 1910 年，会员人数增加
到了 153 000 名。该运动和 SPD 之间没有正式关联，但是从
工人自行车协会领导的态度中可以看出该运动的格调："如果
党和工会是阶级斗争中的主力，像步兵和大炮一样冲锋，那
么我们工人自行车手就是红色轻骑兵。"

在沙俄，社会主义活动是非法的。社会民主主义者利用
当时仅有的几个工人运动俱乐部，向工人阶级宣传马克思主
义、教他们起义的方法。西欧的氛围较为自由，1908 年巴黎
工人创立了社会主义体育运动协会，法国工人体育的种子就
此播下。1913 年，该运动已经遍及法国，并导致社会主义体
育运动联盟（Fédération Socialiste de Sport et de Gymnastique）
的成立。同样的运动也在比利时和瑞士开展。1913 年，比利时、
英国、法国、德国和瑞典的社会主义者在根特成立了国际社
会主义体育联盟（Fédération Sportive Socialiste Internationale）。

但是，工人体育组织不止为工人运动提供政治和实践支
持，同时也满足了工人阶级对体育和体育文化的需要。对健
康的工作和生活环境的需求，是社会主义运动的重要基础。
对休闲时间的需求在卡尔·马克思的女婿保罗·拉法格（Paul
Lafargue）1883 年出版的小册子《懒惰的权利》（*The Right to
be Lazy*）中阐释得淋漓尽致，这种需求引发了要求缩短工作
时间的运动。此外，运动设施一般只对有钱人和特权阶层开放。
运动俱乐部是中上层社会的休闲和社交文化设施，不欢迎工
人阶级。在 20 世纪 20 年代以前，雇主也不为工人提供可持

续的体育运动设施。因此，SPD 等大规模工人阶级政党认为，自己提供了资本主义所未能提供的体育运动的机会。

这说明为什么社会主义运动对大众体育怀有敌意。这种敌意也是由于国际主义对现代体育中的民族主义的厌恶，按照马克西姆·高尔基（Maxim Gorky）的说法，这种民族主义制造了"帝国主义战争的炮灰"。足球、拳击等大众体育运动是公开的资本主义性质的，提供了替代SPD等组织的体育设施的商业化选择。在英国，英式足球是工人阶级的主要体育项目，出现时间早于大规模社会主义运动。此外，早期英国社会主义运动的领导者，和业余主义的体育管理者有一样的中产阶级偏见。英国社会民主联盟（Social Democratic Federation）的贵族领导者辛德曼（H. M. Hyndman，1842——1921），曾经代表剑桥大学、苏赛克斯大学和MCC出赛一流板球赛事。

社会主义者还批评现代体育，认为其分散了对政治的注意力。1902 年，SPD 的主要理论家卡尔·考茨基（Karl Kautsky）批评英国工人阶级对社会主义缺乏兴趣，"足球、拳击、赛马和赌博对他们产生了深刻的影响，他们将休闲时间、个人权利和物质财富全部投入其中"。这种道德说教和19 世纪中期所谓理性娱乐的倡导非常相似，仅仅是把基督教义换成了社会主义。因此，1893 年在橄榄球和英式足球的温床布拉德福德成立的英国独立工党（Independent Labour Party），从产业工人阶级运动中撤退，这并不值得惊讶。独立工党表示，足球：

> 是一个奇观，而且是对工人阶级有所贬损的奇观……一年又一年，足球吸引了工人大众的全部注意力，使他们无法理解自己的需求和权利。这可能会造就一个只会服从主人、只考虑足球的工人群体。

事实上，在英国产业工人阶级群体中，最好战的正好处在英式足球和橄榄球最流行的区域：英格兰北部、威尔士南部和苏格兰西部。英国共产党《工人日报》的一位作者曾在1930年表示，无产阶级革命者完全可以是橄榄球或英式足球运动员。1915年列宁指出，1914年圣诞休战期间英国和德国军队举行非正式足球赛的做法，是国际友善的一次直观教学。托洛茨基在1925年《不列颠何处去？》（*Where Is Britain Going?*）一书中，曾模糊地批判道："社会传统、教会、传媒，还有……运动"限制和压迫了资本主义制度下工人阶级的文化活动。在社会主义社会中，工人阶级的文化水平被提到极高的地位。第一次，无产阶级能够参与到包括运动、商业娱乐在内的所有文化生活中。托洛茨基在1923年写道，革命的一个目的是"满足对具有更高艺术性的娱乐的需求，同时将娱乐作为集体教育的手段，一种脱离了教师监管和道德说教的教育手段"。

资本主义支持者从反向回应了体育预防工人革命的想法。G. M. 特里维廉在他的客厅里表示，如果法国人也打板球，1789 年农民不会烧毁法国贵族的城堡。他的观点得到了很多人的支持。罗伯特·布鲁斯·洛克哈特（Robert Bruce Lockhart）是十月革命（Bolshevik Revolution）后早年驻俄罗斯的英国外交官，他相信如果俄罗斯有更多体育活动，冬宫不会被攻陷。他认为，引进英式足球"使俄罗斯工人的社交生活向前迈进一大步，如果所有的工厂都能快速接纳足球，历史可能会重写"。基诺·巴特利（Gino Bartali）1948 年在环法自行车赛中夺冠。这次比赛是在试图刺杀意大利共产党（Italian Communist Party，PCI）领袖帕尔米罗·陶里亚蒂（Palmiro Togliatti）事件的余波中举行的，右翼评论者认为这次赛事可以分散愤怒的工人的注意力、降低危机中的意大利发生暴动的风险，虽然事实上是 PCI 为了维持"社会治安"而主动阻止了事件的升级。在上一章中已经论述过，体育可以阻止革命，其背后原因是 20 世纪 20 年代工业化国家大幅提高了工人阶级的福利和空闲时间。

运动变成了阶级斗争的舞台，这是工人运动的各翼人士都认同的。1920 年 9 月，社会党国际（Socialist International）即第二国际（Second International）的各个党在瑞士卢塞恩开会，成立国际运动和体育协会（International Association for Sport and Physical Culture），即后来的卢塞恩体育国际（Lucerne Sports International，LSI）。该组织明确的目的是反对民族主义和军国主义，同时为工人提供运动设施。如果大家还记得第二国际曾支持第一次世界大战，或者是不积极反对"一战"，那么就会觉得该组织是虚伪的。1921 年 8 月，共产国际（Communist International）即第三国际（Third International）成立了红色体育国际（Red Sports International，RSI）。卢塞恩体育国际有意地在名字中省略了"社会主义"一词，RSI却公开表示体育是一个政治战场，工人体育运动的目标是支持革命和类似俄国十月革命的运动。受到共产主义者的批评后，卢塞恩国际的领导者放弃了统一工人体育运动的理念，并在 1927 年 8 月最终与 RSI 断绝一切关联、禁止其成员参与 1928 年的莫斯科青年运动会（Moscow Spartakiad）。在德国，附属于卢塞恩国际的工人体育运动联合会驱逐了数万名共产主义者。

在苏联也发生了关于体育运动性质的辩论。由于 1917 年革命后的内战，所有体育需求都要让位于军事，体育活动都由普通军训部（Vsevobuch）控制。在 20 世纪 20 年代初，反革命派最终被打败，经济得到了稳定，因此体育从军事中剥离出来，在社会主义体育方面产生了多种思潮。在 20 世纪 20 年代初，苏联的主要思潮是"保健医生"运动，该思潮认为工人大众的运动已经和教育的方方面面融合起来，不再是一类单独的活动。和很多社会民主主义运动一样，他们反对竞争性体育项目，1925 年的工会运动会（Trade Union Games）没有安排英式足球、拳击甚至体操项目。另一个思潮是"无产阶级文化者"运动，他们认为所有体育项目都是资产阶级的，工人阶级应该发明适合无产阶级的体育休闲运动。他们提出的替代方法，是既能锻炼又有教育意义的大规模欢庆游行。这些活动很少存活下来，但它们是军乐节和狂欢节之间的交叉，这一点从活动的名字中可以看出来："救赎法西斯主义""印度、英国和红色国家""世界的十月人游行"。需要注意的是，这类活动的参与者不止是布尔什维克。1925 年，在社会民主主义的 LSI 组织的工人奥运会（Workers' Olympiad）中，6 万名群众参与了"工人为世界斗争"大游行。

关于体育的辩论，反映了苏联更广泛的社会现实。比如，无产阶级文化者以拒绝所有资产阶级艺术而著称。在斯大林确立官僚制度之前，苏联在体育界的政策是模糊的，只是坚持要提高人民的健康和身体素质。列宁热衷于健走和自行车运动，他认同"健康的精神寓于健康的体魄"的观点。所以，虽然有保健医生和无产阶级文化者的运动，竞争性体育依然繁荣兴旺。苏联于 1920 年举办了第一次国际象棋比赛，1922 年举办第一次英式足球锦标赛，1923 年举办第一次篮球锦标赛。

1923 年的篮球锦标赛是女篮项目，第一次男篮锦标赛于次年举办。这是苏联和资本主义国家在体育界的一个显著不同，苏联政府积极推动女性参与各种体育活动，将运动加入到女性的教育和工作福利设施中。吉加·维尔托夫（Dziga Vertov）1929 年的电影《持摄影机的男人》（*Man with a Movie Camera*）很好地反映了这一事实，在电影中，女性参与了各种体育项目，包括篮球、跳高、铁饼和铅球。另外，苏联女性不是为了母亲和妻子的职责而参加体育，这一点和西方体育运动形成了直接对比。艾莉森·罗利（Alison Rowley）曾解释说，苏联的体育宣传片"放弃了传统女性的形象，换以更现代的女性。她穿着运动服装、形象健康，和周围的男性平等"。在苏联早期，体育不是为了让女性成为更好的妻子和母亲，而是成为健康勤劳的工人。一旦有需要，她们也能随时服兵役。在1928年的莫斯科国际青年运动会，直白地揭示了苏联和西方女性体育的差别。这次运动会旨在替代社会民主主义的工人奥运会，4 000名运动员参赛，其中大部分来自苏联，其他代表来自十四个国家。卢塞恩国际的立场总是含混不清，但青年运动会的目的却很清晰。在开幕式上，一位演讲者表示：

> "青年运动会"一词起源于斯巴达克斯党（Spartacus），这是一位古代奴隶起义的英雄……我们的目的是为了革命共同奋斗，这是古典体育和马克思列宁主义的革命激进文化。

工人体育运动成为两次世界大战之间的欧洲的一个重大现象。1931年，德国的ATSB有120万名会员，包括工人自行车协会的32万名会员。此外，德国共产党的体育组织声称有12.5万名会员。1931年，澳大利亚工人体育组织有将近25万名会员，而捷克的工人体育运动的会员超过20万名。被共产主义者批评不重视政治后，卢塞恩国际在 1928 年改名为社会主义工人体育国际（Socialist Workers' Sports International）。到 1931 年，社会主义工人体育国际总共有超过 180 万名会员。工人体育运动的能量，在工人奥运会上得到了最壮观的展示。第一届工人奥运会于 1925 年在法兰克福举办，十二个国家派出运动员参赛，观众人数达到 15 万名。这和前一年国际奥委会举办的巴黎奥运会形成了鲜明对比。巴黎奥运会禁止德国及其协约国参赛，并拒绝女性参赛，但工人奥运会接纳所有国家，并组织了女性田径项目。法兰克福的工人奥运会尽量低调处理对纪录的挑战，并集中在非精英的项目上，但还是创造了女子百米接力赛的新世界纪录。1931 年的维也纳工人奥运会有 8 万多名运动员参与，包括大众体操，观众达到 25 万名，运动员和观众的人数都超过了 1932 年的洛杉矶奥运会。RSI 被迫举办自己的赛事，于是 1928 年在莫斯科、1931 年在柏林举办了国际青年运动会。到 20 世纪 30 年代中期，斯大林的"人民阵线"扩展到了自由派资本主义政治家，迫使两个国际工人运动组织恢复邦交。然而，试图与柏林奥运会相抗衡的 1936 年巴塞罗那工人运动会，因为西班牙内战爆发而作罢。1937 年的安特卫普工人奥运会吸引了 27 000 名运动员和数千名观众，其中闭幕式的观众人数达到 5 万名。

既然得到了如此的支持，工人奥运会为什么消失了呢？最明显的原因是，该运动会除了苏联以外，最重要的两个国家是德国和奥地利，而这两个国家的工人运动和工人组织都被法西斯血腥扼杀了。"二战"扼杀了其他欧洲国家的工人体育。在工人体育运动和支持者受到上述损伤的同时，斯大林政权放弃了革命政治，将苏联体育从变革的手段变成了外交和民族主义的工具。1934年，红色体育宣布运动员应该"为苏联赢得世界第一，我们要胜利、纪录和成功"，这说明该组织改变了官方政策。在"二战"后的头十年中，苏联加入了国际奥委会、FIFA等国际体育组织，此后再也没有了资本主义体育之外的意识形态选项。

第十二章
"冷战"中的性别、药物和体育

　　苏联是一个强有力的、难对付的对手。……面对这个敌人的挑战，我们需要所有美国人的决心、意志和努力。只有国民身体健康，才能完全地做出这种努力。

　　　　　　　　　　　　　　　　　约翰·F.肯尼迪，1960 年

欧洲"二战"结束仅 6 个月后，莫斯科的迪纳摩队在英国举办了四场巡回赛。因为在"二战"中，反共产主义的丘吉尔赞扬了斯大林，而共产党是反对罢工的。这使得巡回赛的主办方沉浸在战时团结的感受中，希望通过巡回赛在战后继续维持联盟关系。迪纳摩队在 1945 年 11 月抵达英国，和切尔西队、卡迪夫城队、阿森纳队以及格拉斯哥流浪者队比赛。他们打平两场，赢了两场，其中一场以 10 : 1 挫败卡迪夫城队。这次巡回赛吸引了大量的观众，也造成了延续几十年的争议。"冷战"时期的体育时代开始了，西方资本主义世界的体育界希望重建其旧时的道德权威，但是却被迫发生了意料之外的改变。

20 世纪 30 年代，斯大林改变策略，公开寻求与资本主义国家和平共存，这预示了苏联将进入西方体育世界。该策略首先在法国取得成效，1936 年 5 月，共产党支持的社会主义和自由主义"人民阵线"政府上台。该年 8 月，青年运动会在巴黎举办，这是该赛事第一次在苏联以外地区举行。"二战"期间与英美两国共同对抗纳粹德国，这在斯大林看来是该策略的最高成就。斯大林认为反法西斯的联盟会在战后继续合作，所以战后苏联体育当局开始加入国际运动组织：1946 年加入 FIFA、1947 年加入国际业余田径联合会（International Amateur Athletics Federation，IAAF）、1951 年加入 IOC（国际奥委会）。苏联接纳了之前曾被谴责为资产阶级运动的体系，1949 年苏联当局表示，苏联体育的任务是"立即在主要运动项目上赢得世界霸权"。

虽然苏联放弃了体育和政治上的革命意图，但苏联的中央集权式计划经济，使他们在体育上拥有极大优势。他们很轻易就能向某个体育项目注入资源。大工厂和行政部门提供的休闲设施，可供大量群众使用，尤其是女性。一些在西方被视为精英项目的体育项目也不设社会壁垒，比如马术。在冰球上，最能体现苏联集中资源和人力的能力。"二战"前苏联没有冰球项目，直到 20 世纪 40 年代冰球项目才开始进入苏联。苏联冰球国家队在 1954 年 1 月第一次参赛，两个月后打入世界锦标赛，在决赛中以 7 : 1 的比分大胜之前的霸主加拿大队。两年后，苏联队赢得奥运会冠军。

苏联加入世界体育后，在 1952 年赫尔辛基奥运会上展示了其完全的冲击力，使西方世界震惊和怀疑。国际奥委会对这个自称共产主义的国家有些犹豫，但是出于傲慢和扩展影响力的考虑，1951 年国际奥委会接受了苏联的申请。1952 年 7 月赫尔辛基奥运会开幕，苏联在本届奥运会奖牌榜上名列第二，仅次于美国。他们获得了二十二枚金牌，银牌和铜牌数目超过了所有国家。一个新的时代开始了，苏联的盟国匈牙利也在奖牌榜上名列第三。四年后的墨尔本奥运会上，苏

联在金牌、银牌、铜牌上都名列第一。英式足球界也发生了
类似的地震，匈牙利在 20 世纪 50 年代中期的欧洲赛上称霸，
而在橄榄球方面，罗马尼亚也在一段时间内威胁了英法两国
的统治地位。

在"冷战"的顶峰期，朝鲜战争爆发、中国在毛泽东领
导下发生革命，而苏联及其盟国的胜利让西方体育界打上了
一个问号。**西方相信体育的成功反映社会的成功，一直将体
育界的统治地位视作理所应当，这也是文化自信的象征。**对
于美国而言，由于棒球和美式足球都是地区性运动，所以奥
运会是展示其运动能力的最重要的国际舞台。苏联不请自来
占据了他们的舞台，因此西方评论家有意忽视西方运动的政
治性质，谴责运动的"政治化"、谴责苏联未能公平竞争。西
方的批评集中在苏联对业余主义的模糊态度。苏联在 20 世纪
20 年代已经有部分职业化球员，30 年代，一些比较流行的运
动开始向运动员支付薪水，尤其是英式足球。虽然有人表示
质疑，但是在苏联运动界并没有反对职业化的系统性意识形
态。1945 年 10 月，为了鼓励和西方进行的体育竞争，苏联
政府决定向高水平的运动员付薪水，打破世界纪录和国家纪
录的有丰厚奖金。但是，苏联希望加入的大部分国际体育组
织都在一定程度上追求业余主义，尤其是对苏联最重要的国
际奥委会。所以 1947 年 7 月，该政策就被取消了。

苏联遵从业余主义的决定，并没有带来什么实际上的改
变，只是高水平的运动员改称自己是学生、军人和教师。但

大部分苏联运动员已经隶属工作单位的俱乐部。苏联人很快发现，虚伪是业余主义的核心，无论东方西方。虽然有运动界的"冷战"分子抗议苏联人假冒业余选手，但是和美国大学生运动员、英国军人运动员或者谎称是俱乐部"助理部长"以获得薪水同时保持业余身份的英国板球手相比，苏联运动员并没有什么不同。一些西方运动员甚至羡慕苏联的体系。1956 年奥运会 5000 米长跑银牌得主英国运动员戈登·皮里曾批评"英国体育界的虚伪"，他将英国和苏联相比较，认为苏联"业余运动员的工作完全是名义上的，这些工作给了他们合理的舒适环境，却完全不会干扰他们的运动员生活"。

虽然保守派运动管理者和政治家对此颇有意见，但业余主义的争论不过是词源修辞类的大惊小怪。20 世纪 60 年代起，西方批评的重点转向了苏联使用兴奋剂。苏联和东欧运动员怎么会如此成功呢？毕竟，西方宣传机构一直坚称他们是极权主义国家，个体能力和主观能动力受到严厉的压制。因此唯一合乎逻辑的解释就是，苏联运动员拥有不公平的优势，批评指向了"提高成绩"的药物。在西方媒体的想象中，苏联使用兴奋剂创造了无敌的超人群体。**对兴奋剂的关注，最后重塑了现代体育的道德体系**。当时，以业余主义为核心的旧道德体系正在消亡，兴奋剂提供了重建对体育的道德控制的范式。和 19 世纪 90 年代的职业化一样，兴奋剂成为了和所谓运动的纯洁性形成对照的罪恶的"对方"。

然而事实并非如此。古典雅典奥运会上，运动员就曾经使用药剂来提高成绩。19世纪，在自行车和长跑等耐力型运动中，使用兴奋剂十分常见。更重要的是，鸦片、海洛因等镇静剂直到20世纪20年代才被禁止公开销售。英国甚至在19世纪中期发起了两场对中国的战争，以控制远东地区的鸦片贸易。在南美发现的可可树大大刺激了19世纪70年代的大量科学实验，在世纪之交可卡因成为常用的提神物品，其中最著名的是1886年发明的可口可乐。可口可乐最初是一种可卡因和咖啡因的混合饮料。此类刺激物自然被急于提高成绩的运动员和教练所利用。1904年奥运会的官方报告反映了当时的主流态度：

> 从医学的角度来说，马拉松说明药物对运动员很有帮助。……在距离终点十英里处，（最终的冠军）托马斯·希克斯（Thomas Hicks）开始出现崩溃的迹象。他要求喝水，但是被拒绝了，而是用沾了蒸馏水的海绵蘸了蘸嘴唇。他坚持了下去，直到距离运动馆七公里处。作者不得不给了他六分之一格令的马钱子碱和一个蛋清。……完成二十英里时，希克斯面如土色，于是再服了六分之一格令的马钱子碱、两个蛋清和一口白兰地。

第一次世界大战以后，运动在社会中的重要性提高了，因此在德国和美国出现了"运动科学"，并深入研究了维生素、激素、安非他命等化合物的疗效。法国自行车手公开使用刺激剂引发了广泛的讨论，而英国足球界也流行使用兴奋药丸和猴腺提取物。"二战"期间,军人和平民广泛使用安非他命,这也说明了大众对人工兴奋剂的接受程度。

因此,苏联使用药物并不奇怪。当时体育界使用科技来提高成绩,药物只是其中的一部分。诚如保罗·迪梅奥(Paul Dimeo)所论证的,20世纪50年代早期,苏联和美国的举重运动员和健美运动员都在试验促蛋白合成类固醇,所谓美国是因为苏联人使用药物才服药的说法是错误的。在兴奋剂方面的进展和大部分科研领域类似,苏联和美国的科学家在同样的领域有类似的进展。由于美国医药公司的生产,西方体育界在20世纪60年代广泛使用类固醇,这也证实双方在兴奋剂领域的进展是类似的。

在20世纪60年代运动界药物使用的讨论中,出现了道德恐慌。但是这不止是因为谴责苏联缺乏"公平竞争"精神。60年代的反文化、青年叛逆和学生起义,都和药物有所牵连。两次世界大战期间取缔鸦片制剂和大麻的做法,是为了反对移民和社会道德松弛,1936年的滑稽电影《大麻疯狂》就反映了这一点。60年代反对毒品的行动,进一步说明了保守势力对这一社会巨变的反对。"聚神、入世、抽离"的说法并没有让保守而独裁的运动界领袖心生同情。在发生社会矛盾的年代,体育一直都是青年叛逆的解药,它的表现形式可能是政治激进主义和青少年的不满,比如英国的摩登青年与摇滚青年(Mods and Rockers)和法国的黑色外套(blousons noirs)。

这股反毒品的歇斯底里发生时，并没有针对所谓提高成绩的药品的客观测试。1960 年自行车手科纳德·埃尼马克·延森（Knud Enemark Jensen）死亡、1967 年自行车手汤米·辛普森（Tommy Simpson）死亡，这两起事件在公众看来，是药品危害的关键事件。但是没有充分证据证明延森使用兴奋剂，而辛普森不过是环法自行车赛中数千名按惯例服用兴奋剂的运动员中的一个。2011 年的一项研究调查了 1930 年到 1964 年（环法赛在两年后才引入药检）参加环法赛的比利时、法国和意大利自行车手，结果显示他们的预期寿命比相关国家的大众长八年。考虑到这个社会阶层普遍使用药物，此项研究暗示，骑手用药的行为甚至可能对他们的健康有正面效果。

事实上，运动员服用的一些药物包括自行车手用的酏剂，很可能并不能提高成绩。药物的作用，可能和现在很多运动员仍在用的幸运符和比赛日迷信一样。促蛋白合成类固醇等药物即使有效，也只是让运动员能够更大强度地训练、更快从伤病中恢复。虽然在运动员用药方面缺乏纵向研究和比较研究，但是 2007 年米切尔委员会（Mitchell Commission）对职业棒球大联盟使用类固醇的报告，提供了一些洞察信息。该报告列出 23 名投手和 48 名击球手，指控他们使用类固醇。但是 16 名投手用药后表现下滑，而所有 48 名击球手的安打率都下降了。调查 20 世纪 90 年代东德运动员滥用兴奋剂的报告，只是说明教练虐待运动员的现象普遍存在，但是也强调教练身体虐待、性虐待和心理虐待的现象在东西方一样普遍。事实上，在 20 世纪 80 年代，为了让运动员使用促蛋白合成类固醇，意大利体育联合会甚至要求运动员签署弃权书，说明他们完全了解相关医学风险。

如果从医学而非道德的角度来看，和最富裕的精英运动员所用的其他医学和训练技术相比——比如定制跑鞋、高原训练、高压氧舱等——兴奋剂的药理学功用是一样的。因此，当代社会反对使用药物的做法，和 19 世纪业余主义者反对定期训练和专家辅导的做法遥相呼应。这两种做法都坚持不受外力干扰的"自然"才能，都控诉对手"不道德"，都使用自己的定义来武断地分辨正义和邪恶。

更重要的是，没有证据证明药物能够提高体育成绩，但却有大量证据证明运动并不是反药物滥用的运动家所提倡的健康生活方式。2006 年研究者发现，全国橄榄球联盟的线上队员死于心脏病的风险，比一般人群高 52%。另外，全国橄榄球联盟的现役球员中，56% 患有肥胖症。在休闲消遣的层面来讲，2009 年的一项研究发现，表面上健康的马拉松运动员的冠心病患病率极高，令人惊讶。该研究警告说，"马拉松等剧烈的耐力型运动会提高急性心脏病的发病率"。很多英式足球运动员因为慢性髋关节疾病而退役。2000 年英国的一项调查发现，五十多岁的英式足球退役球员患关节炎的比例高达 49%，是一般人群的 2.5 倍。跳高、标枪、手球运动员的关节炎患病率也高于平均水平。禁止用药使运动员缺乏医疗监督，从而大大提高了不可预见的疾病的发病率。为了确实可靠，运动界拒绝享受医药界的进步，这与其他社会部门不同。这场针对药物的讨论不只是辩论，而是为了抢占道德高地。

在 20 世纪 60 年代，世界各国普遍认为体育事关国家声望，所以应该由政府管理。与苏维埃集团竞争的加剧，致使西方国家加大对体育的国家投入，以弥补所谓的"肌肉差距"。20 世纪 50 年代后期，美国议员约翰·F. 肯尼迪（John F. Kennedy）常说"冷战""导弹差距"，"肌肉差距"是"导弹差距"迷思的一个变种。1958 年，法兰西第五共和国成立，与此同时，戴高乐政府将体育摆在了法国文化生活的中心。1960 年，戴高乐在强调"胜利的法国"（La France qui Gagne）战略时写道："我们必须教导最好的年轻人，以证明法国持续的活力和在国际竞争中的重生。"英国外交部（British Foreign Office）长期倡导绅士运动，对国际运动赛事不感兴趣。然而在 1959 年，英国外交部表示"奥运会极具声望，是展示民族英勇的绝佳舞台"，并对英国队输给东方国家的预测表示不屑。

在北美和西欧，由于政府对体育的兴趣，国家投资的运动设施、训练计划和管理体制迅速发展。运动不再只是商业行为和志愿者在草根层面的行动。政府关注的一大受益者是女性运动员。所有西欧国家都提高了对女性运动的投资。最值得注意的是美国，1972 年教育法修订第九条（Title IX of the Education Amendments）是对 1964 年民权法案（Civil Rights Act）的修订，该修订案要求高中和大学对女性运动的投资达到和男性一样的水平。虽然大部分女性体育的评论者认为这是社会发展的正常轨道，但事实上女性体育机会的增加只有两个原因，一个是女性与体育现有领导者的斗争，尤其是争取奥运会参赛权的斗争，另一个是更广泛的社会变革。女性在 20 世纪 60 年代至 70 年代取得的进步，是多个要素驱动的结果，而更重要的原因是"冷战"期间东欧女运动员的成功引发的西方国家的担忧。

包括健康权和体育权在内的女权是苏联在革命早期的核心政策。虽然斯大林及其继任者早已放弃了相关政策，但是余泽尚存，苏联女性参与体育的程度远高于西方女性。比如，苏联在 1940 年成立了一个女性英式足球联盟，但当时西方还没有任何正式支持女性足球的举动。赫尔辛基奥运会清晰体现了东西方女性在体育方面的差距。苏联派出了四十名女运动员，其中十八名获奖，总共赢得三十七枚奖牌。接下来的几届奥运会也是类似的。1958 年到 1981 年，举办了十七届苏联对美国的女性田径运动会，苏联胜出十三次。

可以预见的是，和男性体育一样，东欧女性的优势地位被西方国家归咎于苏维埃阵营作弊。但是和男性相比，除了职业化和兴奋剂以外，女性运动员还面临一个很私人的指控：她们不是真正的女人。苏维埃阵营的女性在铅球、链球等力量型项目中的成功，被视为其性别疑问的证据。跑步运动员的男性化体格，被当作缺乏女性特质的证据。20 世纪 60 年代中期，国际奥委会和国际业余田径联合会强制要求女运动员进行性别测试，其原因如《华盛顿邮报》所言："怀疑上一届奥运会中，一些外表阳刚的苏联和波兰女孩，真实性别和她们所登记的不符。"

第一次性别鉴定出现在 1966 年，当时国际田径运动会要求女性运动员接受强制性妇科检查。如果运动员拒绝或回避，就会被认定为有意隐瞒。此举违反了自然公正原则，也损害了她们的权利。1972 年五项全能金牌得主玛丽·彼得斯将性别鉴定描述为"我能想到的最粗鲁、最屈辱的经历。医生所作的检查，用现代的说法，简直就是抚摸调戏"。1968 年，国际奥委会引入子宫涂片检查，以确定女运动员是否具有两条 XX 染色体。这种做法为性别问题戴上了伪科学的面具，因为国际奥委会认为，"雌雄同体性不存在，一个人出生时或者是男人，或者是女人，并且性别终身不变"。这是缺乏科学常识的。虽然大部分情况下，男性拥有 XY 染色体，而女性拥有 XX 染色体，但性别是由染色体和激素的相互作用决定的。有些女性拥有 Y 染色体，有些男性反而不具备 Y 染色体。有些人拥有三条甚至更多条染色体。很多人是雌雄间性，拥有两种生殖器，或者生殖器性质不明确。在人类性别和性征问题上，各方面都是很复杂、很多变的。

国际奥委会的无知伴随着无感。因为遗传组合异常或生物混乱而不能通过性别鉴定的女性，受到公开羞辱，并且往往要面对自己此前并不知情的身体状况。性别鉴定从未发现一例假扮女性的男性，也从来没有发现女性通过使用含睾酮药物而变成男性。性别鉴定所常用的这个原理更加不符合科学，因为没有药物可以改变人的染色体。当然，从来没有人提议对男性运动员进行性别鉴定。男性运动员从来不需要证明他们是男人，因为参与运动就是男性展示雄性阳刚的最重要的方式。和 19 世纪一样，享受或擅长运动的女性，依然被质疑为隐藏的男性。词穷之时，拥护性别鉴定者提出，睾酮水平较高的女性更具优势、有失公平。但是这个提法也可以适用于激素水平高的男性运动员，而且这个提法忽略了一个事实：运动上的成功在很大程度上依赖于基因的优势，无论男女。

　　和很多别的奥运会运动一样，对杰出的女性运动员的"性别偏执"出现在 1936 年的柏林奥运会，当时执行了至少一例性别鉴定。美国运动员海伦·史蒂芬斯（Helen Stephens）在百米赛跑中打败了 1932 年的金牌得主波兰选手斯特拉·沃尔什（Stella Walsh），之后她被要求进行生殖器检查。讽刺的是，沃尔什在 1980 年去世后被发现性器官模糊，并同时拥有 XX 和 XY 染色体。夺得奥运会跳高第四名的德国选手朵拉·拉特延（Dora Ratjen）也曾被质疑。1938 年，她打破了世界纪录，之后不久她被德国警察逮捕，并被指控为男性异装癖者。该项指控意味着，她可能被送往纳粹集中营。她承认自己是男性，在出生时被误认为女婴，并被作为女性抚养长大、以女性的身份参赛。第一个呼吁常规化性别鉴定的是保守派的艾弗里·布伦戴奇（Avery Brundage），他后来成为了美国奥委会主席、国际业余田径联合会副主席。布伦戴奇在 1936 年以委员身份第一次参与国际奥委会时提出常规化性别鉴定，这应该不会让人惊讶。他以捷克跑步运动员泽丹卡·库布克娃（Zdenka Koubkova）和英格兰铅球和标枪运动员玛丽·韦斯顿（Mary Weston）为例。这两位运动员都被作为女性养大、以女性的身份比赛，但是在二十多岁时选择进行变性手术。布伦戴奇表示，"奥运会的参赛女运动员都应该接受彻底的体检，保证她们是 100% 的女性"。

性别是人的身份认同中最隐秘的部分。认为自己有权判定他人性别的粗暴行径，一直没有被国际奥委会或其他运动组织取消。到 20 世纪 90 年代末期，性别鉴定的目的不再是为了"冷战"的意识形态，但是却在随后的苏联与东欧的资本主义重建中被滥用。**性别偏执并没有消亡，它深埋在体育的染色体中，并可能在 21 世纪再次抬头。**

第十三章
20 世纪 60 年代的抉择

我不会去和越共吵架。……他们从没叫我黑鬼。

穆罕默德·阿里，1966 年

1968

年 10 月 16 日，奥运会 200 米短跑出现了破纪录的 19.83 秒的成绩。这是夏季奥运会第一次大范围地以彩色电视直播，因此观众得以见证奥运历史上甚至现代体育历史上最不平凡的事件。颁奖仪式上奏响美国国歌时，金牌和铜牌得主垂下头，高举紧握的拳头，抗议美国的种族歧视和贫穷。如果观众看得够仔细，还能看到澳大利亚的银牌得主佩戴了一枚象征运动员团结的徽章。感谢电视，将运动和政治一同带到了全球数以千万计的家庭的客厅，让汤米·史密斯（Tommie Smith）和约翰·卡洛斯（John Carlos）的抗议烙在了全世界的记忆里。

自 20 世纪 50 年代以来，政治一直在国际体育的最前线。西方阵营经常用来指控苏维埃阵营的说辞，就是运动政治化。当然，如前文所述，现代运动一直伴随着民族主义和保守主义政治。但是俄国人带来了一种不同的政治。具体来说，苏联要求增加新成立的非洲和亚洲国家在奥林匹克运动中的代表权，要求驱逐种族隔离的南非。这样做的原因，很大程度上是因为苏联当局知道激进主义正在全球范围内抬头，并希望在外交上加以利用。在 20 世纪 50 年代末至 60 年代初，美国爆发民权运动，非洲争取独立，古巴发生革命。60 年代成为革命和社会变迁的十年，激励了新一代去挑战固有的权威。历史上第一次，体育未能对此挑战免俗。

20世纪60年代之前，体育界的主要模式没有受到过严重的内部挑战。工人体育运动只是试图在业余化和商业化运动之外建立一个可选体系。而争取领导地位或创建主流体系的人，只是简单地接受现实、尽量改善而已。杰克·约翰逊并不是激进主义者或革命分子，他只是认为自己有权利选择生活的方式，却因此受到迫害。但是，他并不想从政治的角度挑战拳击界的种族歧视。杰西·欧文斯在柏林奥运会夺冠仅数日后，被艾弗里·布伦戴奇从业余田径运动中驱逐出去，理由是他参加了美国奥委会的筹资表演赛。但欧文斯从未质疑布伦戴奇对田径运动的管辖权。

但是20世纪60年代激进主义愈演愈烈，体育也不可避免地卷入其中。曾被西方帝国主义熟练使用的体育的民族主义性质，如今成为欧洲帝国原殖民地的当权者或寻求统治权者组织民族独立运动的武器。一个最早的例子是阿尔及利亚争取脱离法国独立。1958年，民族解放阵线（Front de Libération Nationale）组织了流亡国家足球队"自由十一人"（l'onze de l'indépendance），球员来自法国英式足球联盟里的现役阿尔及利亚球员，队长是"革命球员"拉希德·梅赫洛菲（Rachid Mekloufi）。在西印度群岛，板球队一直由白人担任队长。由黑人担任队长的要求，反映了也推动了寻求自治、结束英国统治的呼声。20世纪60年代独立的国家，政府的第一个决策就是加入联合国、国际奥委会和 FIFA。上述说法即使夸张，也并不离谱。1963 年成立的短寿组织"新兴力量运动会"（Games of the New Emerging Forces），是由印度尼西亚举办的，由于不允许以色列和中国台湾参加他们举办的 1962 年亚运会，印度尼西亚被驱逐出奥林匹克运动。新兴力量运动会试图成为体育界的不结盟运动（NonAligned Movement），该运动是 1961 年由新独立的国家和游离于西方与苏联两大集团之外的发展中国家创立的。加纳的夸梅·恩克鲁玛（Kwame Nkrumah）领导非洲国家联合抵制 1966 年的英式足球世界杯，抗议非洲国家不能出战决赛。

南非是关于体育的国际政治运动的避雷针。1949 年，南非国民党掌权，将英国人在 20 世纪引入的种族隔离制度合法化了。种族被强制隔离，以保证白人至上。白人和非白人之间的体育等社交联系被严格禁止。这种政策与大英帝国其他地区或美国南部邦联是类似的，但是在大英帝国瓦解和美国黑人民权斗争之后，南非成为种族隔离合法化的最后堡垒。早在 20 世纪 50 年代中期，已经有人抗议体育界与实施种族隔离的政权联系，但是直到南非政府恶意镇压非白人群体，才引发国际反对活动。最著名的镇压活动是，1960 年 3 月，警察枪杀 69 名手无寸铁的示威者，另打伤 180 人。

大部分的体育运动都不愿意切断与实施种族隔离的南非的关系。1966 年，IAAF 投票拒绝了苏联关于驱逐南非的提议。国际奥委会虽然没有邀请南非参加 1964 年的奥运会，

1968 年却发出了邀请，直到非洲国家威胁联合抵制才撤回。IAAF 和国际奥委会在 1970 年最终与南非断绝关系。1968 年，在选择南非巡回赛队员时，英格兰板球队领导者拒绝了贝兹尔·戴里维尔拉（Basil D'Oliviera）。戴里维尔拉是一位南非的"有色"球员，有资格代表英格兰队出赛，虽然他在同年早些时候的英格兰对澳大利亚赛中表现突出，最终却被取消了代表资格。最后，英格兰队被迫改变决定，将他选入巡回赛队。然而南非却因此取消了巡回赛，因为他们不愿意和非白人板球队员比赛。两年后，由于国际抗议，国际板球当局取缔了南非参加和主办正式巡回赛，但是高规格的国际球员参加的"非正式"巡回赛仍在上演。FIFA 在长达数年的摇摆后，才终于在 1976 年决定驱逐全白人的南非队。橄榄球联合会的巡回赛持续到 1984 年，而且在种族隔离的年代里，南非橄榄球官员一直在国际橄榄球协会（International Rugby Board）担任领导职位。加里·普雷尔（Gary Player）等南非高尔夫球手一直以个人身份参加国际高尔夫赛，从未受制裁。

体育管理机构拒绝反对种族歧视，此举使他们直接成为 20 世纪 60 年代至 70 年代国际抗议活动的靶子。1969 年，南非跳羚橄榄球联盟访英巡回赛，遭到疯狂的反对。两年后该联盟前往澳大利亚比赛，遭到示威者的围攻，而在昆士兰的赛程甚至导致政府宣布紧急状态。新西兰传统上是南非的同盟，1969 年之前一直拒绝选择毛利球员参加前往南非的巡回赛。1981 年新西兰爆发了针对跳羚联盟的大规模抗议行动，造成政府危机，几乎导致国民党政府垮台。新西兰橄榄球界与种族隔离的南非关系匪浅。新西兰前往南非进行橄榄球巡回赛，由于国际奥委会拒绝因此而禁止新西兰参加奥运会，导致非洲国家联合抵制了 1976 年蒙特利尔奥运会。除了两名英国球员和六名澳大利亚球员以外，所有国际橄榄球联合会的球员都愿意和种族隔离时期的南非全白人球队比赛。

20 世纪 60 年代，种族问题成为国际体育界政治抗议的前沿问题，这并不是巧合。大家普遍认为体育是一个公平的竞技场，一个无关阶级和肤色的平等的避难所，而黑人运动员的处境与之形成冲突。此外，黑人运动员在运动场上的卓越表现，和他们在场外的无力处境，也形成了十分鲜明的对比。即使黑人和其他少数族群的运动员没有受到隔离，实现了和白人的形式平等，但还是会遭遇队友、官方和球迷的种族歧视，以及对有色人种体力和智力的刻板成见。

在美国，棒球界的开路先锋是杰基·罗宾逊（Jackie Robinson）。1947 年他成为 20 世纪第一个打入大联盟的黑人球员。布鲁克林道奇队（Brooklyn Dodgers）总经理布兰奇·里基（Branch Rickey）选择罗宾逊不仅是因为他的运动天赋，更是因为他答应在面对种族歧视时不进行报复，而这不是秘密。终其一生，罗宾逊一直敏锐地感知着种族主义。他在自传中写道，"我知道自己是身处白人世界的黑人"。但是，他认为开启棒球界融合的历史机会，比个人所受的种族歧视更重要。里基本人认为，罗宾逊成功的最大威胁是不能理解罗宾逊的宽容的"黑鬼自己人"。但是棒球在球场上的种族融合很慢，而在黑人经纪人、黑人教练和黑人记者方面，几乎没有建树。20世纪60年代中期，经济困难和社会不公正最终发酵成为横扫美国各大城市的暴乱，当时一个费城的黑人居民如此评价本地棒球俱乐部费城人队：

> 这次暴乱中我唯一后悔的……就是没有烧掉那个该死的（棒球）球馆。……球馆被警察围住了，我们闯不过去。我希望能够烧掉它，扫去它的历史。它一直告诉我，我只是个黑鬼。

出于同样的愤怒和反抗精神，奥运人权项目（Olympic Project for Human Rights，OPHR）成立了。黑人权利运动源自美国的民权运动，受到激进的黑人权利运动的影响，社会学家哈利·爱德华兹（Harry Edwards）在1967年创立OPHR，抵制1968年墨西哥奥运会、抗议美国黑人运动员面对的不平等和不公正待遇。虽然该组织倡导的抵制活动没能成功，但是两位支持者——短跑运动员汤米·史密斯和约翰·卡洛斯，做出了运动赛事上有史以来最勇敢、最鼓舞人心的抗议，他们的骄傲与反抗被传播到世界的每一个角落。

这两位短跑运动员受到了穆罕默德·阿里的激励。1964年，阿里用自己的本名卡修斯·克莱（Cassius Clay）赢得了世界重量级拳击冠军，但是1966年他面临征兵，当时美国军队正陷入越来越不得人心的越战。阿里拒绝被征兵，并表示："我不会去和越共吵架。……他们从没叫我黑鬼。"他知道，这可能让他被取消拳击冠军头衔，甚至入狱。体育界从未遇到如此的状况。这位运动员，是该项目有史以来最好的运动员，却把政治原则摆在运动的荣光之上。对运动规则的摈弃和反对越战一样，激怒了批评者。这个人，从他自己的经历中了解到，体育和政治密不可分。作为运动员，他知道有些事情比"打比赛"还要重要。

他不是独行者。在 20 世纪 60 年代，很多运动员要求获得就业权和工会的认可。一方面，他们受到了阿里、史密斯和卡洛斯的激励；另一方面是由于全球汹涌的社会斗争，因此很多职业运动员开始质疑自身在体育界低人一等的地位。网球明星比利 - 简·金（Billie-Jean King）是第一个发声的。1967 年，她表示网球职业球员就像是"乞丐和串门的姻亲。不受尊重，人们只是忍耐你"。吉姆·布顿（Jim Bouton）的《四坏球》（*Ball Four*, 1970）、戴夫·梅吉思（Dave Meggyesy）的《联盟之外》（*Out of Their League*，1970）和埃蒙·邓菲（Eamon Dunphy）的《只是一场比赛？》（*Only a Game?*，1976）等书从运动员的角度，分别揭露了棒球、美式足球和英式足球运动员日常生活的真相。

1969 年，圣路易斯红雀队伟大的中场手柯特·弗勒德（Curt Flood）拒绝被交易去费城人队，他表示"我不是一件财产，不能不顾我的意愿进行销售和购买"。他对美国职业棒球大联盟（MLB）提起诉讼，捍卫自己的权利。他辩称职棒大联盟的"保留条款"侵犯了他的权利，根据该条款，球员是俱乐部的财产，哪怕合同到期。他不是唯一一个抗议者。比尔·维克（Bill Veeck）曾经拥有三家 MLB 俱乐部，他曾将棒球描述为"少有的几个奴役人的地方之一"。弗勒德缺席了1970 年的棒球赛季，而最高法院最终判决支持保留条款，弗勒德 1971 年结束职业生涯。因为争取球员权益的壮举，他被视为英雄，而职棒大联盟球员协会（MLBPA）只是口头上给予支持。

在柯特·弗勒德争取基本劳动权之前，英格兰运动曾在这方面取得巨大的胜利。1963 年，纽卡斯尔联队的乔治·伊斯特汉（George Eastham）赢得高等法院判决，判定英式足球的"保留和转让"制度违法。根据该制度，合约到期后球员依然需要得到原俱乐部的许可，才能转会。这是英国职业足球球员协会（Professional Footballers' Association，PFA）的巨大胜利。该协会曾在 1961 年逼迫足球行业取消每周 20 英镑的"最高薪水"天花板。英国足球界早在 1898 年就成立了英式足球球员与教练联盟（Association Footballer Players' and Trainers' Union），虽然只维持了三年。PFA 的前身是在 1907 年由两名曼联队的球员比利·梅瑞迪斯（Billy Meredith）和查理·罗伯茨（Charlie Roberts）创办的。1961 年，法国的世界杯球星朱斯特·方丹（Just Fontaine）和喀麦隆国际球员尤金·安祖·利亚（Eugène N'Jo Léa）创办了职业足球运动员全国联盟（Union Nationale des Footballeurs Professionnels,

UNFP）。意大利曾在 1917 年和 1945 年两次建立球员联盟，都很快失败，1968 年建立了意大利足球队员协会（Associazione Italiana Calciatori，AIC）。1965 年，PFA、UNFP、苏格兰 PFA 和荷兰球员联盟一起创立了国际英式足球运动员联盟（FIFPro）。

在美国，棒球运动员联盟的形成和大多数的工人运动一样，经历了反复的过程。职业棒球员兄弟会（Brotherhood of Professional Base-ball Players）是第一个球员协会，该协会于 1890 年创办自己的球员联盟，试图改善职业棒球手的生活，但是只维持了一个赛季。之后又有几个球员协会相继成立，但是都迅速消亡。直到 1968 年，MLBPA 和俱乐部老板谈判达成第一份集体劳资契约。1972 年，俱乐部老板不肯为球员购买足够的养老保险，球员因此罢工。1981 年，MLBPA 为球员的自由择会权而罢工，1985 年再次罢工，1994 年的罢工是最严重的，整个季后赛都被取消。1994 年的罢工，是因为俱乐部老板试图将球员收入降低到二十年前的水平。NFL 的球员协会和 MLBPA 类似，于 1956 年成立，也在 1968 年得到肯定。该协会领导球员在 1974 年、1982 年和 1987 年发动罢工。球员协会并不是激进的组织，严格遵守企业的工会主义，很少提出薪水和合同以外的要求。但是球员协会的发展表明，在体育界，运动员顺从的年代已经结束了。

20 世纪 60 年代公开的激进主义很快就从体育界消退了。板球和橄榄球联盟在 20 世纪 70 年代至 80 年代组织了和种族隔离的南非的"非正式"巡回赛，并且毫不节制与跳羚联盟的球队比赛，只有少得可怜的几个球员拒绝比赛。然而**在 20 世纪 50 年代至 60 年代，西方体育界顺从文化的瓦解，也很大程度上促进了业余主义的快速衰落**。根据运动成就而择优取材的做法，开始取代传统的自封的权威。1962 年，板球界取消了业余"绅士"和职业"球员"的区分，由此结束了长达两个世纪的社会阶层隔离和虚伪。1968 年，网球也摈弃了业余球员和职业球员的区分，开始"开放"了。1963 年，德国足球总会（Deutscher Fussball Bund）建立了完全职业化的德国足球甲级联赛（Bundesliga），放弃了其仅存的业余主义立场。事实上，该立场只是纳粹政权坚持业余主义的遗产。至此，精英英式足球中残存的业余主义完全消失了。国际奥委会的业余主义立场也开始松动，开始允许运动员接受各类报酬，1988 年后更是允许公开的职业运动员参赛。

然而，摧毁业余主义的，另有一股更强的力量。

第十四章
电视带来的革命

　　电视是因为体育而发展起来的。我们转播 1947 年世界职业棒球大赛、重量级拳击赛和陆军对海军的足球赛期间，电视机的销量急剧上升。

哈利·科伊尔，NBC

20世纪60年代的理想很快在体育界消失了，但是一场不同类型的革命确实发生了。新的收入来源出现了，改变了体育界的产业经济、破坏了业余主义的必要性，除了苦行者以外再没有了支持业余主义的热情。此外，除了18—19世纪发展的报纸和印刷媒体、两次世界大战之间出现的广播外，一种新媒体也促进了体育经济的革命——电视。

电视出现于20世纪50年代，它改变了体育界传统的经济模式。在过去，体育界绝大多数的收入来源于观众的门票收入。20世纪20年代，电视技术开始投入使用，30年代末，电视台开始播出节目，并在北美、西欧、苏联获得了不同程度的成功。正如1997年电影《第一次接触》(*First Contact*)中的诡异重点所示，第一场电视转播的体育赛事是纳粹政府举办的1936年柏林奥运会。1937年，BBC转播了特别安排的一场英式足球赛，在阿森纳一线队和后备队之间打响；1939年，哥伦比亚大学棒球队对战普林斯顿大学队，由美国的NBC转播。尽管如此，20世纪40年代末之前电视都只是小众产品，只有富裕阶层和技术类知识分子拥有，普遍性远不如广播。

但是电视技术突飞猛进，由于电视机价格下跌，拥有

电视机的人数也激增。1951 年，美国电视机的持有量突破
1 000 万台。1953 年，这个数字达到 2 000 万台。十年后，美
国家庭总共拥有 5 000 万台电视机，覆盖了 90% 的人口。英
国的增长稍慢，却也一样意义深远。在 1960 年，英国电视机
的持有量达到 1 000 万台，但是直到 1968 年才覆盖 90% 的人
口。在西欧，1970 年，德国的电视机覆盖率为 69%、法国为
59%、意大利为 54%。

体育和电视这个新媒体完美地结合了起来。长方形的足
球场和正方形的拳击台正好适合电视屏幕的可视区尺寸。棒
球和板球的球场形状不规则，为了弥补这种不足，当摄像机
对准个人或发表权威意见的评论家时，场上会有暂停时间。
每天上演的体育赛事，为新闻和杂志提供了材料。**电视节目
中和体育相同地位的是肥皂剧，而体育就是不愿看"真的肥
皂剧"的男性观众的"持续不断的肥皂剧"。**电视播放赛事的
成本低廉，为观众提供了廉价的无剧本的戏剧，其成本仅为
有剧本的舞台剧或电影的几分之一。

**体育和电视之间的关系，是 18—19 世纪体育和印刷媒
体之间的共生关系的翻版。**体育为电视提供了有趣的内容、
定期的新闻和可供投资的预先存在的市场。在法国，世纪之
交时，自行车和汽车行业创办赛车活动，以推销和销售产
品。同理，收音机和电视机的生产商创造了美国的电视网络。
NBC 早期的运动节目制片人哈利·科伊尔（Harry Coyle）曾
回忆说："电视是因为体育而发展起来的。我们转播 1947 年

世界职业棒球大赛（World Series）、重量级拳击赛和陆军对海军的足球赛期间，电视机的销量急剧上升。"

体育对电视的重要性，在日本最为突出。在 20 世纪 50 年代初，日本几乎没有电视业。为了刺激对这个新媒体的兴趣，新成立的日本电视（Nippon Television）在东京各地安装了大屏幕电视机。1953 年 10 月，日本的第一位拳击世界冠军白井义男（Yoshio Shirai）在东京对战英国拳手特里·艾伦（Terry Allen），成功卫冕了世界蝇量级拳击冠军。数千名观众聚集在屏幕前，观看白井义男的胜利，东京的一些地区甚至因此而陷入停顿。但是，大部分日本人依然没有购买电视机，一年后，日本的电视机持有量只有 16 000 台。刺激日本电视销量的，首先是 1959 年的皇室婚礼，当年售出 200 万台电视机，其次是 1964 年的东京奥运会。本次奥运会同时刺激了电视机的销售和电视技术的发展，那是奥运会第一次通过卫星直播且为彩色节目。日本一跃成为世界最大的电视市场之一，并开始向全球出口电视机，这是日本成为家用电器的领先生产国的一大步。

在之前的几个世纪，报纸改变了体育，帮助体育进行宣传、交流和行业结构构建。和报纸一样，电视引导了 20 世纪后半叶的体育经济的革命。1948 年，BBC 向英国奥林匹克协会（British Olympic Association，BOA）捐资 1 000 基尼，以转播伦敦奥运会。为了展示其秉承业余主义精神、不屑于商业机会的立场，BOA 没有兑现支票。国际奥委会也秉持着同样的态度，但是没有持续太久。1956 年，艾弗里·布伦戴奇写道：
"过去的 60 年没有电视，国际奥委会也发展良好，接下来的
60 年也一样。"

在 20 世纪 50 年代的英国，"设施费"即转播运动赛事的
费用，很少超过 1 000 英镑。和欧洲大部分国家一样，BBC
等电视企业为英国的国有企业，体育组织的议价能力因而
被削弱。此外，BBC 的领导者和很多体育组织的领导者都
来自上层中产阶级这个小众阶层，如 RFU、业余体育协会、
MCC 等组织，所以他们愿意使用"绅士协议"、鄙弃公开竞争。
因此，体育组织的议价能力被进一步削弱了。商业转播公司
ITV 于 1955 年成立，开启了市场竞争。但是足球俱乐部之间
缺乏团结、橄榄球联盟旗下俱乐部数量较少，因此体育界还
是未能从电视转播中大量获利。比如，1960 年 ITV 向足球联
盟付款 15 万英镑，直播该赛季的 26 场比赛。但是阿森纳和
托特纳姆热刺队拒绝被直播，因此交易未能达成。23 年后，
联盟足球赛才在英国直播。在其他欧洲国家，电视转播公司
也是由国家控制，因此削弱了欧洲大陆体育的盈利能力。

但是，美国没有主导的国有电视公司，而是有三家全国
商业电视网络相互竞争，所以主要体育项目的经济回报大大
超过欧洲。棒球和美式足球队将比赛的转播权卖给本地电视
台，在 20 世纪 50 年代中期，世界职业棒球大赛、NFL 锦
标赛和大学橄榄球赛的每场比赛的转播权收益达到数十万美
元。在接下来的几十年，电视转播公司向美国体育界支付的

费用呈指数增长。1970 年，NFL 获利 500 万美元，MLB 获得 1 800 万美元，后来居上的 NBA 得到 200 万美元。拳击在 20 世纪 50 年代至 60 年代成为体育类节目的主打，1971 年穆罕默德·阿里和乔·弗雷泽（Joe Frazier）的"世纪之战"（Fight of The Century）为他们带来了至少 250 万美元。虽然艾弗里·布伦戴奇不愿意，但国际奥委会在 20 世纪 60 年代还是完全接纳了电视转播。1960 年罗马奥运会是第一届基于商业原则售卖转播权的奥运会，获得了 100 万美元。十余年后的慕尼黑奥运会，转播权卖价 1 780 万美元。到了 20 世纪 70 年代末，估计国际奥委会收入的 97% 来自电视转播。

电视革命从两个方面彻底改变了体育。首先,体育以比赛、新闻或纪录片的形式持续出现在电视上，因此俱乐部和联盟可以独立地开展广告业务。俱乐部不再被限制于本地市场和现场观赛的观众，而是有了地区性甚至全国性的广告和赞助业务的平台。通过联赛和锦标赛做电视广告，比向电视台直接购买广告时间要优惠很多。在少有或没有商业电视台的国家，这一点尤为重要。法国电视在 1968 年禁止广告，并且是国家垄断，直到 1982 年密特朗政府解除管制。因此很多广告主借环法自行车赛的机会，在全国电视上打广告。赛车地点、计时、运动衫、主赛事中的二级赛事、官方用车、饮料、洗衣、汽油、医疗设施和车队，在 20 世纪 60 年代，上述所有这些都通过招商获取赞助。因此,环法自行车赛的运动车被视为"活人广告牌"，这也是将运动员作为产品推销员的最极端案例。

其次，这股规模空前的收入来源，使得俱乐部和联盟不必再依赖现场观众作为其唯一收入渠道了。现场观众依然是大部分体育项目的最大的收入来源，而且因为电视台憎恨屏幕上出现空位，所以任何运动都不能忽视现场观众数量。但是电视观众已经成为体育产业的决定因素。1958 年，美国职业高尔夫球协会（PGA）锦标赛调整了赛制，从比洞赛（由赢得球洞的数量定胜负）变更为比杆赛（杆数最少的获胜），就是因为电视制片人希望最后、最重要的比赛日里能出现更多球员。1960 年，NFL 的竞争者美国橄榄球联赛（American Football League）成立，该组织成立之初就明确以让橄榄球更适应电视转播的需求为目标。该组织将橄榄球上的品牌放大、将球员的名字印在球服上、加装球场时钟以展示赛事进程，并使用两分附加得分的打法，即触地后球队可以尝试获得两分触地得分而非一分加踢。NBA 在 1954 年引进了 24 秒违例的规则，使得篮球在电视直播中更有吸引力。英式足球方面，1955 年创办的欧洲杯（European Cup）、1960 年创办的欧洲优胜者杯（UEFA Cup Winners' Cup）和欧洲锦标赛（European Championship）都是欧洲电视覆盖率提高的直接产物。即便是古板而保守的英国板球运动，在 20 世纪 60 年代观众人数下降之后，也引进了适合电视转播的"限制回合"（limited over）一日赛制的联赛，比如吉列杯（Gillette Cup）和约翰·普列尔特别联赛（John Player Special League）。

板球的变迁，凸显了运动界和转播界的权力转移。1976

年，澳大利亚媒体大亨、第九频道老板凯利·帕克（Kerry Packer）出价 150 万澳元，希望获得澳大利亚板球委员会（Australian Cricket Board，ACB）三年的独家转播权。板球在澳大利亚的流行程度，在 20 世纪 70 年代达到顶峰，球员对低薪十分不满。让帕克震惊的是，ACB 以 21 万澳元的低价将合同签给了国有的澳大利亚广播公司（Australian Broadcasting Corporation）。习惯了随心所欲的帕克，决定创办自己的竞赛。他签下了 50 名世界顶尖的板球队员，创办了世界职业板球大赛（World Series Cricket），这些球员都急于提高自己微薄的收入。这项新赛事引入了晚间比赛、彩色的制服、白色球和创新的电视转播方式，为板球项目的未来奠定了基调。经过初创期的波折后，世界职业板球大赛非常成功，最后 ACB 不得不在 1979 年和帕克达成合作。

帕克的成功，在原大英帝国的版图中形成巨大的冲击波。在之前的一个世纪，体育界一直认为体育是骑手、媒体是马，现在体育界的领袖发现事态已非如此。帕克的作为说明，媒体企业可以轻易地挫败体育运动管理机构。在帕克的成功实践的激励下，他的对手澳大利亚媒体巨头鲁伯特·默多克（Rupert Murdoch）也在 20 世纪 90 年代中期创办了短命的橄榄球联赛"超级联赛"（Super League）。该联赛加速了橄榄球联合会的业余主义的死亡。由于担心帕克等媒体会成立职业橄榄球联赛，国际橄榄球理事会（International Rugby Board）在 1987 年投票决定创办世界杯联赛。1995 年，在为橄榄球全面职业化做准备时，澳大利亚橄榄球联盟主席尼克·什哈迪（Nick Shehadie）曾表示："如果要挽救这项运动、不把它拱手让给企业家，我们必须立即行动，创办世界杯。"

受到帕克的沉重打击之后，受到电视转播收入的诱惑，英国英式足球也开始接受电视转播。1983 年，BBC 和 ITV 出资 520 万英镑，直播英国英式足球联赛。五年后，ITV 出资达到 4 400 万英镑。卫星电视的出现，使这股潮流进一步加速，并迈上新台阶。

第十五章
赢家和输家：世界新秩序中的体育

旧事物带着新模式的假面出现。

贝托尔特·布莱希特，1938 年

1996

年，澳大利亚报业巨头鲁伯特·默多克在一次于阿德莱德举行的新闻集团（News Corporation）年会上，对股东说："体育绝对能压倒电影或者任何别的娱乐"，然后他补充说，他计划"把体育作为付费电视业务的攻坚锤和主要产品"。不经意间，他承认了自 18 世纪以来体育对各种技术的传媒公司的重要性。

全球娱乐业的观众数据也支持了他的观点。20 世纪美国电视节目中观看人数最多的二十场节目中，十一场是体育赛事，其中十场是橄榄球超级碗大赛。1982 年第十六届超级碗大赛中旧金山队打败辛辛那提孟加拉虎队，是美国电视历史上观看人数第四名的节目。英国观看人数前六名的电视节目中，有两个节目是英式足球赛，而 1966 年英格兰队夺得世界杯决赛胜利的大战是第一名。在德国，观看人数前十位的节目中有九个是英式足球赛。

为了实现攻坚锤战略，默多克在 1992 年向英国足协付款 3.04 亿英镑，转播新创办的英超联赛（Premier League）。第二年，他的美国福克斯电视网（Fox Network）花费 15.8 亿美元，获取 NFL 转播权。1995 年，他在澳大利亚和英格兰成立了自己的超级联盟橄榄球联赛。同年，他与国际橄榄球联盟达成的电视转播合同，使该联盟最终决定放弃业余主义，转型职业化。在棒球界和欧洲的英式足球界，如此大宗的合同也时有发生。2008 年，印度板球界创办印度超级板球联赛，该联赛就是一个基于英超模式的电视产品。随着曝光率的提高，体育界出现了新的赞助商，他们急于将自己的品牌与流行的俱乐部和明星运动员关联起来。讽刺的是，曾经的业余主义堡垒——国际奥委会学会了赞助模式，在 20 世纪 80 年代发现赚钱最快的方法是将想象得到的所有空间和服务都卖给企业及其品牌。体育价值的指数型增长，几乎全部来自电视，更具体地说，来自付费卫星电视和有线电视。欧洲的电视市场在 20 世纪 70 年代末期开始放松管制，有线电视和卫星电视技术发展，之后出现了电视节目的数字放送技术，上述要素为体育界带来了新的收入来源和新的参与者。

在 20 世纪的后几十年，体育的流行度、范围和结构都发生了改善，默多克对电视体育的重视，就是这方面最显著的例子。与 19 世纪 90 年代末、20 世纪 20 年代和 20 世纪 50 年代的体育界变革一样，本次变革是由市场扩大和媒体技术改进推动的。体育业也从意识形态大环境中受益，在其中，体育内在的竞争性和民族主义派上了新的用场。在 21 世纪来临之时，体育产业的价值已经达到数百亿美元之巨，真正的全球流行使得体育再一次成为资本主义市场占据霸权的例证。

如此的变革，离不开更大范畴的社会变迁。在 20 世纪 80 年代至 90 年代，世界发生了深刻的变化。工会运动衰落、

福利制度被废除、社会民主主义运动瓦解、苏联解体，因此
资本主义及其意识形态获得了毫无争议的霸权。虽然被称为
新自由主义，但是罗纳德·里根、撒切尔夫人及其支持者们
所秉承的自由市场经济和自由竞争，并没有什么新内容。事
实上，他们的灵感来自亚当·斯密。和 18 世纪一样，体育在
20 世纪末的这次反改革中，既是受益者又是意识形态的支柱。
体育从放开市场管制中受益，又为政治家和理论家提供了源
源不断的说辞。体育中的"深刻的政治"如今已经浮到表面。

　　和最新流行的"自由市场"概念一样，如果不竞争、不
区分胜负，体育将一无是处。而赢家和输家的区分，也是"世
界新秩序"（New World Order）中最重要的社会区分。体育
还说明了，在资本主义社会里输家远比赢家多。文斯·隆巴
迪（Vince Lombardi）曾在总结时代思潮时，有一个臭名昭著
的说法："赢不是一切的目的，而是唯一的目的。"**体育越来
越经常被用来比拟生活，揭示生活中无休无止的竞争。**媒体
巨头 ESPN 甚至在 2002 年的一个美国广告活动中宣传，体育
不是生活的比拟，而是生活本身。企业也沿用了体育界的语
言。团队合作、态度、承担责任、竞技，这些更衣室里的词汇，
成为会议室里的玩笑话。企业聘请运动明星，向企业领导传
授竞技技术对商业的价值。有野心、好竞争、惯耍阴谋的企
业家被称为"玩家"，就像汤姆·沃尔夫（Tom Wolfe）的《虚
荣的篝火》（*Bonfire of the Vanities*，1987）一书中的华尔街债券
交易商谢尔曼·麦考伊（Sherman McCoy）。很多机敏的体育

市场营销人员发现，支持者对俱乐部或运动的认同和忠诚度，等同于品牌的销售者忠诚度，尤其是最坚定、最"真实"的运动迷。

这一变迁是全球性的，对所有地区的体育都产生了影响。然而，体育的"全球化"依然只是媒体现象。虽然全球各地都可以通过电视观看体育节目，只要付得起付费电视频道订阅费，全球各地的各种体育赛事都能看到，但是只有英式足球真正风靡全球。英式足球的唯一对手是奥运会，然而后者是一项赛事而非运动项目。体育本身依然深陷第一次世界大战之前确立的国际等级制度中。只有三个拉美国家和五个欧洲国家曾经赢得英式足球世界杯。三分之一以上的国家从未在奥运会上夺得奖牌。棒球和板球基本上还局限在一个世纪以前的中心区域内，而英式足球以外的足球完全是单个国家的运动，比如美式足球、澳式足球、加拿大足球和盖尔足球。英式橄榄球以外的两种橄榄球，主要分布在原属大英帝国的国家和法国。板球的 IPL 联赛的创办，虽然给予英语白人国家在板球界的统治地位以沉重打击，却并没有带来该运动项目的国际扩张，而只是在板球的传统中心地带进行商业化开发。商业巨头 NFL 也没能持续推进美式足球的国际扩张，NFL 创办了世界联赛（World League），该联赛最后缩减成为欧洲 NFL。亚非拉的"球员农场"（Player Farms）进一步稳固了北美和欧洲在精英运动项目上的主导地位，这些球员农场向主要的球队输送大量的英式足球和棒球少年运动员，然而这些少年球员在测试后往往被拒绝。体育运动有了全球性的观众，然而其地理分布没有发生质变、其传统等级制度没有受到威胁。

相应地，由于其全球性地位，英式足球和奥运会一样，成为了国家对抗和民族沙文主义的公开舞台。2009 年尤文图斯对战国际米兰，比赛期间尤文图斯球迷一直高唱"意大利没有黑人"。自 20 世纪 30 年代起，整个欧洲的英式足球场都是最可怕的公开反犹太主义的现场。90 年代随着苏联和东方集团国家的瓦解，因"自由贸易协定"（free-trade agreements）致贫的国家向欧美的移民潮再度兴旺，英美等西方集团也急于使用军事手段维护其帝国主义利益，因此国家和民族仇视加剧了。这一变化也反映在体育中。

20 世纪 80 年代后，体育界发生了大规模的快速经济扩张，但这并不是过去 250 年中最后的　场大规模发展。**在 21 世纪，体育产业越发恢复其在 18 世纪的经济模式。体育居于娱乐业之列，并以利润为目的，因此成为了巨富间流行的装饰物。**棒球、IPL 和各类足球的俱乐部都成为富裕阶层的社会地位象征，就像乔治王朝时期英国贵族对待板球俱乐部、赛马和拳击手一样。21 世纪中切尔西俱乐部的罗曼·阿布拉莫维奇（Roman Abramovich）和华盛顿红人队（Washington Redskins）的丹尼尔·斯奈德（Daniel Snyder），与 18 世纪板球界的唐卡维尔伯爵和温切尔西伯爵并没有区别，只是现在的巨富不会和他们高价签下的球星一起上场比赛。

如同现代体育的形成期一样，赌博重新成为了体育文化的主要特征。20世纪90年代卫星电视和互联网的发展，使赌博复兴了。事实上，博彩业成为在金融市场这个全球大赌场中精进了技艺的交易员的殖民地。俱乐部和联盟为得到博彩业的赞助合同而角力，比赛间的赌博成为了电视体育节目的特征。在互联网和数字技术的支持下出现的现货赌博和别的"异国情调"的赌博法，事实上是18世纪头十年板球和拳击界复杂的赌博市场的重现。现在揭露的惊人的腐败，尤其是在南非、印度和巴基斯坦的板球界的腐败，也不过是两个世纪前的类似丑闻的遥远呼应。旧闻回头成了新闻。

体育的新经济制度，也将业余主义长期以来的最后一块遮羞布拉了下来。业余主义作为体育界的道德规范，延续了将近一个半世纪。甚至职业体育都臣服于业余主义理念的所谓道德优越性。然而，到20世纪末，除了美国大学足球和篮球外，没有重要的体育项目自称是业余主义。1984年洛杉矶奥运会是最后一届还带着这件遮羞布的奥运会。橄榄球联合会曾经将业余主义称为"本运动项目的第一原则"，却也已经摈弃此原则，以攫取电视行业巨大的财富。业余主义虔诚的虚伪，在这个世界上已经没有容身之所。这个世界的原则，用奥克兰突袭者队（Oakland Raiders）的老板阿尔·戴维斯（Al Davis）的话来说就是："赢就好，宝贝。"

体育界赤裸裸的资本主义，和18世纪的形势是一样的。但是运动管理者继续控制运动员的欲望，却是基于19世纪维多利亚时代的体育模式。业余主义已死，但是其纪律管控结构存活了下来。事实上，体育的突变和管理者的苛责并不冲突，这二者齐头并进。如英国奥林匹克委员会的运动主管克莱夫·伍德沃德（Clive Woodward）在 2011 年对运动员所说的：

> 在北京（2008 年奥运会）时，有几个人穿着耐克的恤衫，在奥运村附近骄傲地走来走去，这简直让我发疯。阿迪达斯是我们的赞助商，提供了我们的队服。我只想说，那些运动员离领奖台很远，我对此毫不奇怪，因为他们没有纪律。

北美的 NBA 和 NFL 引入了着装规范和"个人操守"政策，以规范运动员（主要是黑人）在运动场外的生活。

业余主义的重要性下降后，体育管理者对体现运动的道德价值的需求，从控制报酬转移到追究所谓能提高成绩的药物。 体育界的"内部敌人"不再是"隐藏的职业化"工人阶级运动员或苏维埃阵营的"冒牌业余选手"，而是"药物作弊"。对某些药物的武断的禁止，就像是 20 世纪 80 年代里根政府开始的"毒品战争"一样，导致 21 世纪更苛刻的运动员药检和纪律要求。根据国际奥委会 1999 年的倡议，2004 年成立了世界反兴奋剂机构（World Anti-Doping Agency，WADA），该机构的"申报动向"（whereabouts）规则将精英运动员都变成了假释中的犯人。该规则迫使运动员每天指定一个小时接受临时药检，每周七天无一例外。身在别处、文件准备有误、训练计划细节报告有误，这些都可能受处罚。2008 年，国际自行车联盟（Union Cycliste Internationale，UCI）进一步提出"生物护照"。根据该规定，自行车手需要定期抽血化验，但目的不是检查禁药而是核验血液成分的变化，分析是否可能有使用禁药、违规增血等 UCI 认定的作弊行为。换言之，使用间接证据来规范运动员。体育界还鼓励告密和暗中监视。在 2012 年伦敦奥运会上，运动员村的清洁工和安保人员都接受"教育"，"一旦发现不适当的行为"，就通报国际奥委会。这种毫无悔意的警察国家的做法，当然也被认定为阻止"作弊"的必要手段。

19 世纪关于性别问题的担忧，回荡在 21 世纪。在 20 世纪后半段，两性间的形式平等得到了改善，1984 年甚至国际奥委会也承认了女性完全能够完成马拉松比赛。但是对性别问题的监管却比以前更加严格。英式足球方面，2004 年 FIFA 禁止墨西哥前锋玛丽贝尔·多明戈斯（Maribel Dominguez）代表塞拉亚队出战墨西哥男足乙级联赛，理由是"男子足球和女子足球必须有清楚的界线"。2009 年的卡斯特尔·塞门亚（Caster Semenya）事件，使"性别偏执"再次走到台前。塞门亚是一位 18 岁的南非黑人女性中距离跑步运动员，她大幅度提高了 800 米和 1 500 米的成绩后，IAAF 怀疑她使用禁药或者是男性，要求进行调查。随后，塞门亚被迫进行"检查"，"她的双脚被放入马镫，外生殖器被拍照，并被检查内脏器官"。由于国际抗议，最后她被允许继续参赛。

IAAF 甚至授权自己去决定人的身份认同中最私密的

要素——性别。IAAF 比赛日的医疗官员被授予这项权利。IAAF 比赛规则第 113 条规定:"如有必要,医学代表有权利安排对运动员的性别鉴定。"国际奥委会则要求跨性别运动员在变性手术至少两年后,才能以女性的身份参赛。虽然男性和女性一样可能面对此类医疗状况,但是男运动员不需接受性别鉴定。这是因为运动组织的主要考虑,是像在运动组织成型的维多利亚业余主义时期一样,在男性和女性之间画出一条武断的界线。在体育的基础文献《汤姆求学记》中,汤姆·布朗对同学说,"不要谈论你的家庭,或者妈妈和姐妹"。现在的现代体育和当时一样,是基于严格的性别划分之上的,女性比男性低一等,不服从者必受谴责。

内在的历史性的厌女症,也解释了为什么几乎所有运动都对同性恋运动员抱有根深蒂固的敌意,不论男女。2011 年,在全球各种类型的足球中,数千名职业球员里只有一位英式足球员——瑞典的安顿·海森(Anton Hysen)和一位橄榄球员——威尔士的加雷斯·托马斯(Gareth Thomas)是公开的同性恋。在女性英式足球方面,2011 年世界杯被一位评论家称为"女同性恋恐慌",当时尼日利亚和几内亚试图清除怀疑为非异性恋的球员。如此的事态,使得各类足球成为宗教组织之外,在性向问题上最保守的组织。

对运动员的限制和压制加剧,是因为在后里根 / 撒切尔的时代中社会保守主义兴起,并且试图抵消 20 世纪 60 年代至 70 年代社会和政治斗争的成果。但是,体育不仅只是反映社会现实，而是积极地参与对政治气候的变革。20世纪80年代起，体育赛事的"安保"需求，越来越常被政府用作攻击公民自由的理由。这在过去也曾发生过。1968年墨西哥奥运会开幕的十天前，警方在一万名学生的示威行动中公然开火，当时很多示威者在高唱"不要奥运会，我们要革命！"当时的死亡人数一直没有得到确认，预测数字在44人到1 000人，比较可能的数字是325人死亡。受伤人数更多，入狱人数则达到数千。执行该次屠杀的是墨西哥政府的秘密安全部队——奥林匹克军队，该军队是为了维护奥运会的顺利举行而建立的。

被称为"第一次自由经营的奥运会"的1984年洛杉矶奥运会，为日后的超级运动赛事树立了独裁管理的范本。洛杉矶奥运会的主办方给予企业赞助商最大的自由，同时压制反对者，他们完全无视民主权利、禁止示威、对无家可归者和娼妓等人群进行"社会清洗"，并额外雇用了数千名警察和军人。奥运区被划为军事禁区。到2010年温哥华冬奥会时，奥林匹克运动已经成为一种移动的极权主义状态，每隔几年就在一个城市安营扎寨，对城中居民，尤其穷人和受压迫的种族实施警力压制，并对赞助企业极尽纵容。在准备2010年冬奥会时，温哥华市议会制定法律禁止散发传单、禁止未经授权使用标语牌和扩音器、禁止未经警方批准的示威活动，允许警察进入住宅以取下挂在建筑外墙上的抗议标语，并可以对示威者使用军事器械，比如152分贝的"声呐枪"（sonic gun）。加拿大情报机关将"反全球化、反对大公司和原住民积极分子"作为奥运安保的特别威胁。英式足球也并无二致。20 世纪 90 年代英式足球场开始大量使用闭路电视，这预示了目前英国城镇中几乎饱和的闭路电视。在 2008 年于瑞士举行的欧锦赛设立了专门的"球迷区"，所有进入球迷区的人都要经过私有安保公司的审查。警方实施了"预防性抓捕"计划，逮捕他们认为可能犯罪的人，并建立了"流氓"数据库，而该数据库的依据只是怀疑而非犯罪事实。这些措施，随后也被纳入瑞士移民法。在准备 2014 年英式足球世界杯和 2016 年奥运会时，预计 150 万巴西人会搬家，为建设新的运动场馆让道。在这些资本主义乌托邦中，自由企业控制不自由的人民来庆祝竞争的荣光，而建设这乌托邦的费用当然是由主办国的全部人口承担，而非国际奥委会、FIFA 等体育组织。这些赛事和其他运动一样，只有得到政府补贴，"市场的魔力"才可能带来利润。

但是，这个事实并不会阻止政府竞争大型体育赛事的主办权。建筑、供应和顾问方面数目巨大的合同，本身就极具吸引力。更重要的是，**从 20 世纪 50 年代开始，举办大型体育赛事越发成为政府释放信号的渠道，通过此举告诉全世界，他们愿意和急于参与全球经济。**1955 年，罗马申办 1960 年奥运会的做法，就是因为"二战"后意大利企图重回欧洲主流。仅仅两年后，欧洲就签署了《罗马条约》(*Treaty of Rome*)，根据该条约后来成立了欧盟。1964 年的日本奥运会、1972 年西德的慕尼黑奥运会也产生了类似的效果。首尔、巴塞罗那和悉尼申办奥运会也发生在经济自由化和私有化之际。2001 年中国申办 2008 年奥运会时，也在进行申请加入 WTO 的谈判。

　　因此，全球大型体育活动成为了对资本主义世界秩序的庆祝表演和顺从表态。体育和资本主义一样，"在全球各处确立了地位。它必须在所有地方安顿，在所有地方扎根、在所有地方建立关联"。体育和资本主义在 18 世纪结下的关联，在 21 世纪的头十年表现得无比强劲和明显。

总结：体育的未来何去何从？

你知道……我最恨板球的一点就是，这个运动好得要命。

朱利安·米切尔的戏剧《同窗之恋》，1981 年

1999年 10 月 30 日，在对战津巴布韦队的前几局中，汉西·克龙涅成为了南非板球历史上测试赛得分最高的选手。他是南非国家队和州队的队长，他象征着南非在因为种族隔离而受到国际排斥后重回板球界的巅峰。他是南非的国家标志。

然后不到一年后，他被终身禁赛和禁止出任教练。他被发现有腐败行为、收受贿赂、说服队友打假球。证据显示，克龙涅和博彩公司过从甚密，并充当着博彩公司和南非队的中间人。整个板球界都震惊了，很多南非人拒绝相信证据。在 21 世纪来临之时，该事件象征着体育的本质：民族主义的强有力的标志、娱乐产业的重要部门、复兴的博彩业的焦点。

当然，体育的这些本质特征都不是新闻。自 18 世纪从英格兰资本主义经济中产生，到今日在全球占据重要地位，这期间现代体育的发展都是得益于印刷、无线电和电视等媒体行业、民族经济和民族主义的发展，以及大规模的城市化工人阶级的产生。现代体育从英国发源，渐次发展到北美、欧洲、日本乃至世界各地，在其流行程度和影响力不断发展的期间，上述三个要素至关重要。现代体育带着资本主义最原始的所有偏见。它一直是巨富和独裁官僚的玩物。它热衷战争，也是各种偏见的平台。虽然穷人和受压迫者将其视为逃脱严峻现实的唯一办法，却也不过是孕育体育的社会现实中的一道可耻的亮光。

但是，**体育还是一种独特的娱乐，让观众和运动员一样沉浸其中**。感受大喜大悲，而不必承受真实生活中大喜大悲所带来的风险。在电影和流行音乐等娱乐技术革命的产物中，受众只能得到被动的体验，但体育却不同。体育观众可以通过赌博、对运动员的认同或者营造现场气氛的方式，参与到赛事中去。由于观众能够对运动员、球队或某项运动项目产生个人认同，所以体育的社会重要性远超其他类型的娱乐。每一场比赛，无论是棒球、板球、田径还是足球，都始终存在美、壮丽、胜利、悲剧和创造性的自我表达的可能性。毋庸置疑，跨国巨头和本地企业都想从中获利。

有人认为，体育被球队老板挟持了、被企业利益商品化了，他们没有理解的是现代体育本身就是资本主义的造物。足球、棒球等任何现代体育，都没有纯粹只为乐趣而运动的堕落前的时代。让 - 马里耶·布罗姆（Jean-Marie Brohm）、后来的马克·佩雷尔曼（Marc Perelman）等人认为，当代的商业体育是对运动精神的曲解，但他们将过去的时代理想化了，其想法和 19 世纪责难工人阶级职业运动员的中产阶级业余主义者是一样的。体育从未"属于"运动员或运动迷，就像电影从不属于演员和观众一样。确实，现代的娱乐化参与性体育是商业化精英运动的拓本，他们使用同样的规则，很多是为了利润而引入。过去 250 年的演化已经说明，体育并不是堕落了的游戏，而是一种商业化娱乐，其本质与戏剧、电影或流行音乐相同。消遣性的体育活动和商业体育的关系，正如业余戏剧行为之于百老汇、本地唱诗班之于斯卡拉歌剧院。有人可能还会注意到，戏剧和歌剧并不像体育那样僭称道德。

未来何在？**历史上推动体育发展的主要因素——媒体、民族主义和城市化，将继续发挥决定性作用。**下一代的传媒技术互联网已经开始发挥重要作用，不仅参与转播，还是体育迷交流和消费的途径。各国政府愿意恳求国际奥委会和国际足联，让它们花费数十亿来举办奥运会和世界杯，这说明在 21 世纪国家声望和运动的民族主义比以往更加重要了。全球城市化的加速，尤其在亚洲和非洲，使得体育市场进一步扩大，特别是那些在全球都有分布和认同度的运动项目。然而，体育的发展和全球自由贸易的扩展一样，不会使贫穷国家受益。贫穷国家会成为欧美体育界的农场，而帝国主义的体育霸权不会受到根本性的挑战。中国体育的崛起的方式和苏联体育在"二战"中的发展是类似的，这可能会将体育的某些方面的重心向东方转移，但主要的商业运动还是会被欧洲和北美控制。但是美国与中国的对立与冲突，说明奥运会将使体育继续保持"没有枪炮的战争"的性质。

然而这些发展并不意味着体育会抛弃其内在的保守本质。

除非受到运动员的反抗，或者有体育之外的重要的社会斗争发生，否则体育界会继续加强其纪律规训，比如管控禁药、防止性别"作弊"或者强迫实施道德要求。长久以来，体育一直是政府和国家对内对外政策的附属物，未来也会自愿地融入政府的安全和情报系统。体育将再一次追随世界资本主义经济的潮流，在此潮流中，经济自由化伴随着对公民自由的进一步限制，这也是和 18 世纪至 19 世纪初资本主义形成期相似的。

体育的"公平的竞技场"（level playing field）一直以来都是社会流动渠道的途径，但是也正在被腐蚀。哈利·爱德华兹（Harry Edwards）曾表示，非洲裔美国人在体育中的参与度在下滑，尤其是在拳击和棒球界。虽然迈克尔·乔丹的成功可以为美国辩护，但美国的种族划分还是和以往一样深刻。去工业化对社会和经济造成了毁灭性打击，因此在美国的很多内陆城市，政府教化黑人青年的首要方式不再是学校和体育，而是监狱。2004 年奥运会的英国金牌得主中 58% 毕业于私立学校，而 1996 年奥运会以来的英国所有奖牌得主的数据是 45%。英格兰板球和橄榄球联盟则愈加精英化。21 世纪的体育并不会开放给所有有才能的人。在参与体育和体育设施方面求取公平的斗争，还是一如既往地紧迫，无论是出于性别、种族还是阶级的原因。

女性体育和残疾人体育领域发生了改变，但即使在这些领域，男性阳刚依然是最重要的。虽然西方女性在 20 世纪取得了极大的进步，但体育依然是男性的。以蓬勃发展的女子英式足球为例，该运动大概是过去几十年中全球参与人数增长最快的体育项目，但现在依然被男性管理者和男性教练所把持。残奥会和精英健全人的运动一样富于竞争精神，使用了大量的分类规则对运动员进行分类和管理。此外，由于数十年以来的分割和体育管理机构的权力野心，男性和女性、健全人和残疾人一起运动和比赛的机会并没有增加，反而减少了。IAAF声称双腿截肢的跑步运动员奥斯卡·皮斯托瑞斯相比健全运动员拥有不公平的优势，所以可能禁止他和健全的运动员比赛，这一事实说明，体育成为了其自身对运动进行分类和控制的欲望的囚徒。运动员的范例，依然是健全、异性恋的男性。

体育对人体进行理想化、将体力活动置于智力之上、迷恋盲目的勇气，因此男性身体成为衡量其他一切的标准。体育的世界观是简单二元的，但不仅仅是场上的"赢－输"。体育的道德评判也是基于两级对映：干净对肮脏，纯洁对不洁，作弊对道德模范。这种摩尼教徒一般的观想方法也被用到了阶级、性别、职业化和禁药等问题上。任何被认为是异常或"不自然"的现象，都被划分到错误的阵营。这种做法反映了资本主义根本性的"深刻的政治"，所谓每天发生且不受挑战的"常识"。

未来，当社会脱离了资本主义的束缚之后，人们会怎样打比赛或者观赏体育赛事，我们无从得知。体育和很多从资本主义中产生的文化一样，即使在一个崇尚合作、不提倡无休止竞争的社会里，体育还是会具有魅力。毕竟体育给参与者和观众提供的喜怒哀乐太强大了。**在一个艺术、文化和人性都脱离了剥削、偏执和资本主义压迫的社会里，至少我们可以期待体育能够积极地帮助男性和女性最好地发挥其精神和体力潜能。**